J'ai essayé de décrire certains traits de ce à quoi ressemble la vie morale, sans rien dire de ce à quoi elle doit ressembler. Nos pratiques sont exploratoires, et c'est en vérité seulement par leur exploration que nous en venons à une vision complète de ce que nous pensions, de ce que nous voulions dire.

Cora Diamond, *L'esprit réaliste*

La belle vie dorée sur tranche

DANS LA MÊME COLLECTION

Richard MORAN, *Autorité et aliénation. Essai sur la connaissance de soi*, 2013.

Roberto FREGA, *Les sources sociales de la normativité*, 2013.

Piergiorgio DONATELLI, *Manières d'être humain. Une autre philosophie morale*, 2014.

Estelle FERRARESE, *Éthique et politique de l'espace public. Jürgen Habermas et la discussion*, 2015.

Soumaya MESTIRI, *Décoloniser le féminisme. Une approche transculturelle*, 2016.

DERNIÈRES PARUTIONS DU MÊME AUTEUR

La dépendance amoureuse. Attachement, passion, addiction, Paris, P.U.F., 2015.

Ethica erotica. Mariage et prostitution, Paris, Presses de Sciences Po, 2013.

Plaisirs et dépendances dans les sociétés marchandes, Bruxelles, Éditions de l'Université de Bruxelles, « UBlire », 2012.

Philosophie pratique de la drogue, Paris, Éditions du Cerf, 2011.

Raison et civilisation. Essai sur les chances de rationalisation morale de la société, Paris, Éditions du Cerf, 2006.

Morale et sociologie. Le sens et les valeurs entre nature et culture, Paris, Gallimard, 2004.

PATRICK PHARO

La belle vie dorée sur tranche

La vie morale

VRIN

Directrice de collection :
Sandra Laugier

© Librairie Philosophique J. VRIN, 2017

Imprimé en France

ISSN 2272-3781

ISBN 978-2-7116-2766-0

www.vrin.fr

INTRODUCTION

La première question de ce livre est à la fois philosophique et anthropologique : que devons-nous faire de nos désirs de belle vie, de gloire et d'ivresse, issus du passé ancestral de l'espèce lorsque, comme chez d'autres animaux (poissons, oiseaux, mammifères...), le cerveau humain a été doté d'un système neurochimique de la récompense et du plaisir qui nous pousse à rechercher le sexe, l'attachement, les aventures, les jeux, la gloire, les substances psychoactives et toutes les intensités jouissives de l'existence ? La posture libertaire, assez rarement pratiquée dans son intégralité, est d'y céder en toute occasion, quelles qu'en soient les conséquences pour soi-même, sinon pour autrui. La posture raisonnable, qui est bien souvent en échec, est de surmonter les « faiblesses de la volonté » qui nous y font succomber de façon inopportune. La posture psychanalytique, un peu plus réaliste, serait d'en comprendre les soubassements inconscients issus de l'histoire enfantine individuelle. Chacune de ces postures touche à une vérité profonde du désir d'ivresse : le plaisir de s'y adonner, ses éventuels effets addictifs et sa singularité psychogénétique. C'est pourquoi, sans en rejeter aucune, je voudrais tirer parti de leur expérience pratique pour traiter une seconde question, beaucoup plus sociologique et politique.

L'autre question est en effet la suivante : que devons-nous faire de nos aspirations de consommation et de promotion individuelle qui, dans les sociétés libérales contemporaines, se conforment aux standards de vie de nos classes sociales, tout en jouant sur ces désirs spontanés de belle vie, de gloire et d'ivresse avec lesquels l'économie de marché entretient des affinités électives – ce qui explique du reste son succès? La posture cynique est de chercher à les réaliser sans complexe, la posture militante de les combattre et la posture critique de les démystifier. Toutefois, l'un des défauts communs à ces différentes postures est d'ignorer le lien intrinsèque entre les standards de la consommation et de la promotion individuelle et les espoirs de réparation sociale et écologique du monde actuel. Ces espoirs sont en effet des composants essentiels des standards sociaux dont nous héritons, particulièrement dans les classes aisées et éduquées, fortement consommatrices de biens marchands et de positions soumises à concurrence, mais également nourries d'une culture des droits humains et de l'égalité qui constitue le fondement des sociétés démocratiques : nous voulons jouir des biens des sociétés libérales, mais nous ne supportons pas qu'une grande partie de l'humanité en soit privée, ni qu'une minorité agissante en tire des profits indécents ou que l'avenir de la planète soit menacé par notre système actuel de vie. Nous pensons aussi que cette « belle vie dorée sur tranches », comme dit une chanson de Georges Brassens [1], offerte « sur un plateau » aux citoyens en parts de plus en plus inégales, risque en définitive de les priver de leur liberté et du « joli temps des coudées franches », en plus de leur sens du discernement, de l'égalité et de la fraternité.

Les accidents du bonheur

La posture à la fois compréhensive et, j'espère, émancipatrice, que j'adopterai dans ce livre serait de prendre au sérieux les aspirations communes au bonheur et à la belle vie qui entretiennent le fonctionnement des différents marchés des sociétés libérales : amours, biens matériels, situations sociales…, mais donnent aussi un sens aux espérances et aux projets individuels, en considérant que le lien entre ces aspirations et notre forme de vie actuelle n'est pas aussi pervers qu'on le dit. Car bien que le terme « libéral » soit devenu dans le contexte français, contrairement au contexte américain, un repoussoir pour les opposants au conservatisme et à

1. Le père Noël et la petite fille, album *Les funérailles d'antan*, 1960.

la réaction sociale, il semble difficile d'envisager pour les sociétés humaines un avenir qui serait prometteur sans être « libéral », c'est-à-dire au fond anti-autoritaire, anti-despotique, anti-patriarcal, anti-théocratique et respectueux des libertés individuelles.

On peut d'ailleurs contester le caractère vraiment *libéral* des sociétés euro-atlantiques, soit en arguant de l'accumulation de règlements bureaucratiques dans la plupart des activités sociales : entreprises, travail, études, construction, habitation, santé…, ou des atteintes aux libertés liées à l'informatique, les systèmes de surveillance ou les pressions publicitaires ; soit, au contraire, en pointant les écarts de fortune qui neutralisent l'exercice de certaines libertés de base ou les tentatives de dérégulation de l'économie et du travail, non pas à des fins d'émancipation collective, mais pour servir des intérêts privés. Ces évolutions régressives sont en effet préoccupantes, mais elles ne suffisent *pas encore* à ruiner le caractère libéral des sociétés fondées sur les Déclarations de droits et de libertés égales pour tous : croyance, expression, association, circulation, autonomie juridique, vie privée, choix personnels, orientation sexuelle…, qui les distinguent à la fois des sociétés patriarcales et d'Ancien régime, des démocraties populaires fondées sur le modèle soviétique ou des sociétés théocratiques.

Le point de vue que je voudrais défendre est que le libéralisme pratique, pris au sens d'une extension indéfinie de la liberté individuelle et de la jouissance des biens terrestres [1] – « fais ce que voudras ! », disait la formule rabelaisienne ; « jouir sans entraves », proclamait un slogan de mai 1968 –, n'est pas un passé funeste dont il faudrait se débarrasser, mais un avenir prometteur que nous pouvons encore construire ou reconstruire, à condition d'en préserver le sens émancipateur et démocratique et de savoir le défendre contre les menaces qui s'accumulent. C'est du reste sous cet aspect émancipateur que le libéralisme des pays occidentaux apparaît à une très grande partie de l'humanité qui en est malheureusement privée. Une des meilleures façons de lever les doutes sur les promesses

---

1. Pour plus de détails, voir *infra*, chap. I.

de cette forme de vie libérale et démocratique serait d'aller voir certains films sur les luttes menées par des jeunes gens pour vivre leur liberté dans des pays non-libéraux, comme par exemple le film *A peine j'ouvre les yeux*[1] sur la Tunisie de Ben Ali, ou pour conquérir cette liberté de vivre dans les pays européens, comme par exemple *Peur de rien*[2]. Dans les deux cas, cette lutte est illustrée par des jeunes femmes libres et courageuses qui entendent seulement choisir leurs styles de vie, leurs partenaires amoureux et leurs formes de bonheur, sans subir le regard et les harcèlements de la société. La dernière image de *Peur de rien* est du reste un raccourci saisissant de nos vies éparpillées entre révolte et bonheur égoïste, lorsque l'héroïne exprime sa souffrance à l'énoncé du verdict qui ordonne de reconduire à la frontière une jeune femme avec qui elle vient de sympathiser, pour arborer presque sans transition un immense sourire devant la décision du même tribunal d'annuler son propre arrêté d'expulsion !

Ce qui fait la valeur de la mythologie libérale, c'est en effet que la tragédie et le malheur y sont représentés comme des *accidents du bonheur*, contrairement à la mythologie du monde antique où ils apparaissaient comme une destinée naturelle des êtres humains, associée à leur démesure ; ou à celle du monde chrétien et d'autres religions du salut qui voient le malheur comme le prix à payer pour l'accès aux béatitudes de la vie éternelle[3]. Dans les sociétés libérales, au contraire, les accidents du bonheur ne sont que des entraves à un habitus collectif tout entier tourné vers la recherche des voies terrestres de la belle vie, ouvertes en principe à tout le monde par l'égalité des droits et la libération des mœurs, des choix de vie, des forces productives, des technologies nouvelles et des échanges marchands. Et même si le « grand marché européen », comme le disait ironiquement un film des années 80[4], n'a jamais fait rêver personne, les récompenses et accomplissements

---

1. *A peine j'ouvre les yeux*, Leyla Bouzid, France, Tunisie…, 2015.
2. *Peur de rien*, Danielle Arbid, France, 2015.
3. Voir *infra*, chap. III.
4. Voir *Un monde sans pitié*, Eric Rochant, France, 1989.

personnels qui importent : éducation, culture, voyages, intégrité corporelle, rencontres, expériences…, passent aussi par les moyens de l'économie de marché et la profusion des offres de jouissance. Le « capitalisme », sous l'une ou l'autre des formes connues depuis les débuts de la révolution industrielle, n'est d'ailleurs qu'une des expressions possibles de l'économie de marché. Et rien n'interdit d'imaginer une alternative sous forme par exemple d'un communisme libéral mettant à disposition de tous les biens de base : éducation, santé et revenu d'existence, dans le cadre d'une économie de marché et d'institutions libres et démocratiques.

D'autant que, si les aspirations à la belle vie se traduisent bien souvent par des pratiques égoïstes de consommation, de séduction et de conquête, le fond du désir, c'est-à-dire le monologue intérieur, les rêveries et l'espérance subjective qui les accompagnent, est rarement aussi consumériste ou carriériste que ses conséquences. Il existe au contraire, derrière les motivations aux plaisirs, au succès ou à la gloire de beaucoup d'humains, un fond d'idéalisme subjectif en complet décalage avec son expression publique, la prestation externe apparaissant comme une sorte de chaîne déviée des attentes intimes de belle vie. Cette situation est bien illustrée par ces patrons qui, selon une boutade de l'économiste Bernard Marys assassiné au journal *Charlie Hebdo*, auraient une libido les inclinant à l'art et aux belles choses, mais passent leur temps à exploiter les autres [1] ! Il ne serait certes pas facile d'isoler et de quantifier la part intime des sujets qui ne serait ni consumériste, ni carriériste, ni conquérante, ni seulement égoïste… (surtout chez les patrons), mais on peut en revanche essayer de documenter le paysage intérieur de désirs d'accomplissement personnel et social qui peuvent nous consterner par leur caractère pathétique, pitoyable, voire pervers, mais aussi parfois nous surprendre par leur inspiration poétique ou sublime totalement inattendue.

---

1. Extrait d'interview repris sur France Inter le 7 janvier 2015. Sur ce registre de la candeur cynique, voir le chap. IV.

C'est ici que se révèle l'utilité de recourir au document cinématographique, art moderne par excellence, en nous focalisant sur des films qui mettent en parallèle les prouesses et les dégâts de certains accomplissements sociaux au regard des attentes du désir intime. La caméra est en effet un des meilleurs révélateurs de la présence de l'intimité subjective dans son rapport au monde social, car elle donne au spectateur l'impression de vivre avec des sujets que l'on voit agir dans une vie supposée réelle, ou représentative d'une façon ou d'une autre de la vie réelle. On sait par des auteurs comme Proust, Joyce, Beckett ou Thomas Bernhard, que la littérature peut en dire infiniment plus sur le monologue intérieur. Mais elle en dit pourtant infiniment moins sur le rapport de ce monologue aux situations sociales, parce qu'elle permet seulement de les imaginer par des descriptions, mais sans les voir, sans cette impression de présence immédiate que donne le cinéma, d'un acteur qu'on voit sur l'écran dans un cadre narratif donné, et qui paraît encore plus vrai que ce même acteur réel qui, au même moment, serait assis à côté de nous (selon une suggestion d'Arnaud Desplechin[1]).

Ce que je propose dans ce livre, c'est en fin de compte de chercher à mieux comprendre, à partir d'un détour anthropologique et d'exemples cinématographiques, les mécanismes d'adhésion pratique aux formes de vie libérales contemporaines, et notamment le fait qu'ils reposent sur une recherche vitale de joie et de récompense morale, dont il existe des formes perverses ou compulsives, mais aussi des formes tout à fait décentes, relevant de ce qu'on peut appeler une *éthique de la belle vie*. Cette meilleure compréhension permettrait, selon moi, de surmonter les dérives de la conscience aliénée, qui nous rend aveugles aux déterminismes anthropologiques et aux dégâts sociaux et écologiques dont nous sommes les vecteurs, mais aussi le triste confort moral de la conscience malheureuse qui entretient chez beaucoup d'entre nous la haine de soi et de son système de vie.

---

1. Émission de S. Bourmeau, *La suite dans les idées*, le 24 mai 2014, autour du livre de H. Clémot, *La philosophie d'après le cinéma. Une lecture de* La projection du monde *de Stanley Cavell*, Rennes, Presses Universitaires de Rennes, 2014.

Ciné-méthodologie

Ce livre s'appuie sur un corpus documentaire constitué par une sélection de films et de séries télévisées (cent quarante en tout) qui incluent dans leur titre ou leur inspiration le thème de « la belle vie[1] », ou des thèmes proches ou associés, et dont une large partie témoigne du regard sociologique impitoyable que les classes aisées portent sur elles-mêmes, au travers du cinéma dit indépendant ou d'art et d'essai, comme du cinéma dit hollywoodien. Cela est particulièrement vrai de la production la plus récente, qui semble avoir substitué au thème du bonheur dans la recherche du bonheur, tel que l'envisageait Stanley Cavell[2], celui de l'indécision, de la défaite ou de la déréliction dans la même quête, sous la forme par exemple des désillusions porno-érotiques illustrées par nombre de comédies romantiques américaines[3] ou françaises[4] et de séries télévisées[5], ou au contraire de la réussite éclatante dans les machinations financières ou politiques les plus cyniques[6].

La référence cinématographique est en fait constitutive du projet de ce livre qui se met, pour ainsi dire, aux fenêtres que le cinéma ouvre sur le monde contemporain pour en faire la sociologie morale. Le cinéma est à la fois l'objet et la méthode d'une démarche qui vise à découvrir certaines conditions de réalisation de la belle vie, en les explorant dans ses accomplissements réussis, mais plus souvent

1. Pour un éclaircissement, voir *infra*, chap. I.

2. Voir S. Cavell, *A la recherche du bonheur Hollywood et la comédie du remariage*, trad. fr. C. Fournier et S. Laugier, Paris, Editions de l'Etoile-Cahiers du cinéma, 1993 ; réimp. Paris, Vrin, 2017.

3. Voir par exemple *Sex Friends*, Ivan Reitman, USA, 2011 ; *Comment savoir*, James Brooks, USA, 2011, *Bachelorette*, Lesly Headland, d'après sa pièce du même titre, USA, 2012.

4. Voir par exemple *La reine des pommes*, Valérie Donzelli, France, 2012, *Chercher le garçon*, Dorothée Sebbagh, France, 2009.

5. Voir par exemple *Sex and the city*, Darren Star, USA, 1998-2004, *Girls*, Lena Dunham, USA, depuis 2012, et mon analyse dans *La dépendance amoureuse Attachement, passion, addiction*, Paris, P.U.F., 2015.

6. Voir les analyses de films *infra*, chap. III et IV. Voir aussi V. Colonna, *L'art des séries télé*, tome 2 : *L'adieu à la morale*, Paris, Payot, 2015.

aussi en les envisageant par la négative au travers d'une exploration de ses échecs et impossibilités. Le cinéma se présente ici, suivant un concept forgé par le sociologue américain Harold Garfinkel[1], comme une « ethnométhode », c'est-à-dire un moyen par lequel un agent peut mettre en pratique une idée qu'il se fait de la vie sociale – en l'occurrence ce moyen est celui des cinéastes et des acteurs. Mais contrairement aux ethnométhodes de la vie réelle, l'ethnométhode du cinéma relève d'un *art* qui inclut dans sa mise en œuvre les techniques et les possibilités offertes par cet art, dont la gamme est beaucoup plus riche et malléable que les ethnométhodes de la vie ordinaire. De plus, cet art a la particularité d'être nécessairement polyphonique puisqu'il ajoute au sujet qui porte la caméra celui qui est filmé, au moins, et la plupart du temps beaucoup d'autres sujets qui aident à réaliser le film ou qui le jouent, en y mettant pour les besoins de l'œuvre le meilleur de ce qu'ils savent sur ce qu'on est censé montrer. Enfin, le cinéma est réputé s'adresser à des publics potentiellement illimités[2], quoique ces publics soient aujourd'hui beaucoup plus segmentés qu'ils ne l'étaient à l'âge d'or du cinématographe, du temps de Charlie Chaplin, de la comédie romantique classique ou des grands westerns américains. La méthode du cinéma ou « ciné-méthode » conserve néanmoins de ce passé sa prétention universelle, alors même qu'elle est généralement issue des classes aisées et artistes de la société, qui l'utilisent pour se représenter elles-mêmes dans leurs propres tourments existentiels et moraux, ou pour représenter « d'autres vies que la leur[3] ».

Comme les études dites « ethnométhodologiques », la « ciné-méthodologie » se propose d'étudier les méthodes du cinéma, contrôlées par la critique et le goût du spectateur, pour appréhender un certain réel social, celui des voies de la belle vie, en s'appuyant

1. Voir H. Garfinkel, *Recherches en ethnométhodologie*, trad. fr., Paris, P.U.F., 2007.

2. Voir S. Cavell, *The World View*, Enlarged edition, Harvard University Press, 1979.

3. Suivant l'expression d'Emmanuel Carrère, *D'autres vies que la mienne*, Paris, P.O.L., 2009.

sur la véracité psychologique et morale de ce qui est mis en scène. La perception immédiate et globale de cette mise en scène, à la fois évidente et énigmatique, permet de s'interroger sur les composants plus ou moins apparents du réel ordinaire afin de comprendre, par exemple, pourquoi une scène paraît aller de soi par rapport à la connaissance commune, y compris lorsque la scène est complètement inattendue, improvisée, imaginaire, onirique, voire parfaitement invraisemblable – un exemple significatif étant celui des conversations philosophiques surréalistes des gangsters de Tarentino[1] ! Plus largement, le cinéma donne accès à une multitude de recoins cachés de l'existence que nous connaissons bien par notre propre expérience, mais dont nous ne savons que faire tant que le cinéma n'en a pas lui-même fait quelque chose. Ces recoins nous intéressent dans la mesure où ils conditionnent non seulement l'humeur et le bien-être d'un sujet, mais l'ensemble de son rapport au monde – comme par exemple, pour citer un film sur lequel je m'arrêterai un moment[2], lorsqu'on demande à un homme riche déchu d'écarter ses orteils avant d'aller au bain pour s'assurer qu'ils sont propres.

Le cinéma apparaît ainsi comme un instrument privilégié de sociologie morale, entendue comme étude des rapports moraux entre l'intimité subjective et le monde social. On pourrait même dire que, par sa constitution même, et en-deçà des utilités qu'il peut avoir pour la philosophie, un film est essentiellement un document de sociologie morale. Il offre en effet des modèles au double sens de sujets vivants dont on reproduit l'image (à l'exclusion ici des films d'animation), mais aussi d'un schéma abstrait qui établit des liens entre différents éléments d'un ensemble structuré. Au premier sens, le modèle demeure présent en même temps que sa représentation animée, contrairement à ce qui se passe dans une œuvre picturale qui n'a que l'image sans vie pour accéder au modèle. Au second sens, le film est beaucoup plus que n'importe quelle expérience de

---

1. Voir par exemple *Reservoir Dogs*, Tarentino, USA, 1992.
2. Voir *infra*, chap. II, l'analyse du film *The Swimmer*, Frank Perry, USA, 1968, d'après une nouvelle de John Cheever. (Premier titre français : *Le plongeon*).

pensée ou exemple stylisé imaginé pour illustrer un point théorique, parce qu'il porte, avec sa trame narrative, un fourmillement de détails vivants qui permettent de conserver le lien avec une réalité, y compris lorsque celle-ci se veut purement virtuelle, comme dans certains films de science fiction ou de virtualités oniriques ou électroniques[1].

Scénographie

« Aimer, boire et… durer » est une altération du titre-programme de la célèbre valse de Johann Strauss : *Aimer, boire et chanter*[2] (repris par un film d'Alain Resnais[3]), permettant de faire référence à ces fameux accidents du bonheur qui, au cinéma comme dans la vie réelle, se produisent « en cas de malheur », mais aussi dans les histoires d'amour, d'alcool, de drogue ou d'expériences limites qui finissent mal. Ce qui pose la question de savoir s'il est possible d'être *durablement* l'esclave de ses passions, et à quelles conditions. Pour tenter de formuler une réponse, on peut distinguer différents sens de la durée, suivant qu'on l'envisage sous l'angle de moments intenses et hors du temps, de la descendance, de la mémoire de la postérité, ou simplement d'une longue vie heureuse. La question de la durée peut aussi être étendue à l'ensemble de la forme de vie libérale, dont on s'accorde aujourd'hui à mettre en doute le caractère *sustainable*. Tel est le thème du premier chapitre que j'essaie de traiter avec tout l'optimisme induit par le slogan (modifié) de la chanson.

Le second chapitre : « Ce que nous voulons : tout![4] », porte précisément sur certains accidents sociaux et conjugaux du bonheur, autour notamment d'un personnage de cinéma, le *Swimmer*[5],

---

1. Voir par exemple David Cronenberg, *Existenz*, USA, 1999 ; Gilles Marchand, *L'autre monde*, France, 2010 ; Christopher Nolan, *Inception*, USA, 2010.
2. Johann Strauss, « Wein, Weib, Gesang, Walzer », op. 333, 1869, texte français de Laurent de Rillé, 1909, Paris, Heugel (selon data.bnf.fr).
3. *Aimer, boire et chanter*, Alain Resnais, France, 2014, d'après la pièce *Life of Riley* de Alan Ayckbourn.
4. Mot d'ordre de Mai 1968.
5. *The Swimmer*, Frank Perry, USA, 1968.

confronté au tarissement brutal de ses sources habituelles de joie et de récompenses. J'ai considéré ce personnage comme emblématique des idéaux aristocratiques de la classe moyenne américaine, dont le modèle s'est étendu à bien d'autres sociétés, et de ses signes extérieurs de confort, comme par exemple la piscine dont le fond est d'autant plus dur à toucher qu'on croyait agir noblement pour la bonne cause de la belle vie, et non pour satisfaire des intérêts égoïstes. Au contraire, les modèles de joie collective illustrés par d'autres œuvres cinématographiques, de Capra ou Kaurismäki en particulier, désignent le contrepoint salutaire de ces désillusions qui passe par un engagement démocratique en faveur de la belle vie pour tous, et pas seulement pour quelques-uns.

Les sentiers de la gloire est un film de Stanley Kubrick[1] qui raconte un épisode de la Première guerre mondiale, lorsqu'un général ordonne en vain de tirer sur ses propres tranchées pour forcer les hommes à partir à l'assaut, et fait ensuite fusiller certains d'entre eux pour se venger de son dépit. Ce film constitue l'antithèse ironique et cruelle de toute une tradition guerrière et glorieuse qui a culminé dans les récits homériques ou ceux de la chevalerie médiévale, repris avec plus ou moins de bonheur par la filmographie contemporaine. A partir du mythe de la « belle mort » et du complexe d'Achille, c'est-à-dire la recherche tragique de « la gloire immortelle », puis de la stratégie un peu plus insidieuse d'Ulysse pour faire durer sa belle vie, et enfin de l'émergence au Moyen Âge d'une vision nettement plus hédoniste et ornementée de la guerre et surtout des retours de guerre, ce troisième chapitre propose une sorte de généalogie des formes modernes de la recherche de la gloire, illustrée *in fine* par une série de films contemporains sur les frénésies de l'argent et du pouvoir.

L'idée de Mandeville et d'autres auteurs selon laquelle l'intérêt aurait été un moyen de domestiquer les passions, semble en effet démentie aujourd'hui par une *passion des intérêts*

---

1. *Les sentiers de la gloire*, Stanley Kubrick, USA, 1957, d'après un roman de Humphrey Cobb.

suffisamment démesurée pour rendre problématique la distinction classique. Ce quatrième chapitre, « Intérêts passionnés et candeur intime », prolonge donc le précédent dans l'examen des formes contemporaines du cynisme économique et politique, en mettant l'accent sur la *candeur intime* qui accompagne cette démesure, comme si le déchaînement des intérêts était la chose la plus naturelle du monde. Il existe néanmoins, au cinéma comme dans la vie réelle, des contrepoints de ce modèle lorsque certains idéaux pratiques de la belle vie se révèlent éthiquement inconciliables avec la candeur cynique, comme on le voit avec l'exemple du film *Traître sur commande*[1], qui m'a paru emblématique de ces mécomptes éthiques. Dans un contexte social de course addictive à la gloire et au succès, la candeur intime d'intérêts beaucoup plus innocents peut aussi être écrasée par les effets de l'intoxication sociale sur la machinerie neurochimique du désir et sur les tentatives d'émancipation personnelle. Mais elle vaut aussi quelquefois comme ultime refuge du sens de la belle vie pour les situations désespérées.

Une des raisons qui rendent le modèle libéral aussi difficile à transformer dans un sens plus démocratique et égalitaire, c'est qu'il favorise une aristocratisation du goût qui pousse les classes riches, les classes moyennes et même les classes pauvres espérant devenir plus riches, à entretenir les mécanismes concurrentiels, sélectifs et consuméristes qui produisent l'inégalité et l'injustice dont chacun aspire à se libérer. Ce cercle dont chacun est partie prenante se révèle très crûment dans les images radicalement anti-utopiques du travail forcé ou de la misère extrême offertes par le cinéma documentaire. L'idée d'un lien de causalité entre notre forme de vie et de telles situations facilite le retour contemporain des utopies, dont ce cinquième chapitre, « Un autre monde », tente de faire l'inventaire : zadistes, néo-anarchistes ou djihadistes présentent les figures plus ou moins apaisées ou brutales d'une échappée révolutionnaire intensément souhaitée par une partie de

---

1. (*The Molly Maguires*), Martin Ritt, USA, 1970, d'après le roman de Arthur H. Lewis, *Lament for the Molly Maguires*, New York, Harcourt, 1964.

la jeunesse des démocraties libérales. En attendant, ou en redoutant que certaines de ces utopies se réalisent, il reste loisible à chacun de s'échapper sur des îles enchantées dont le cinéma offre, là encore, toutes sortes de visions et de variations.

Tandis que la belle mort était pour le héros grec un couronnement de la belle vie, elle est devenue à l'âge libéral une finalité qui n'est souhaitable que sous certaines conditions : celles de la maladie incurable ou de la fin de vie douloureuse, voire même de l'ennui mortel, comme le prétend une analyse fameuse du philosophe Bernard Williams à propos du « cas Makropoulos [1] » et de la vie immortelle. Pour autant, il ne paraît pas nécessaire de considérer la vie elle-même comme un bien intrinsèque, à faire durer coûte que coûte, comme le souhaitent les partisans de l'idéologie dite « transhumaniste » ou « post-humaniste ». C'est en tout cas ce qu'essaie de montrer ce sixième chapitre, « Mortalité et immortalité », qui défend, contre le post-humanisme, mais aussi contre la thèse de l'épuisement du désir, l'idée que celui-ci est constitutif de l'espèce humaine et qu'il ne s'épuise qu'à la mesure de l'épuisement du corps. Lequel, jusqu'à l'invention d'un traitement vraiment efficace contre le vieillissement ou d'une super intelligence artificielle qui n'aura plus rien à voir avec l'humain ordinaire, reste une réalité malheureusement insurmontable.

« L'éthique de la belle vie », qui fait l'objet du dernier chapitre, peut se décliner autour des trois verbes de la chanson : aimer, boire et chanter auxquels j'ai ajouté un verbe supplémentaire : s'aventurer, qui désigne l'une de ces fonctions vitales qui ont peut-être contribué, dans l'environnement ancestral, à l'apparition des circuits neurologiques de la récompense et du sens de la belle vie qui en est le prolongement. Ce « sens » est une façon de préciser, à partir des neurosciences contemporaines, certaines intuitions des philosophes britanniques des XVIIe et XVIIIe siècles sur d'éventuels « sens » axiologiques complémentaires des cinq sens. Mais le sens

---

1. « Le cas Makropoulos et l'ennui qui s'attache à l'immortalité », dans B. Williams, *La fortune morale*, trad. fr. J. Lelaidier, Paris, P.U.F., 1994.

de la belle vie n'est qu'une propension naturelle, pas encore une éthique. Et l'éthique de la belle vie n'est pas une « fortune morale » réservant le jugement moral à la fin de l'histoire, mais plutôt une version un peu plus sensible et attractive de ce qu'on semble comprendre lorsqu'on parle d'éthique au sens des interdits et devoirs de base. Elle ajoute simplement à l'éthique au sens courant le sens de la beauté des êtres et des choses, des jouissances et des récompenses que l'on peut obtenir dans l'amour, la consommation psychoactive, le chant artistique ou l'aventure, sous la forme d'une pirogue de migrants qui traverse l'océan, ou des écarts que l'on doit faire pour suivre sa vocation ou échapper aux conventions. C'est du reste la raison pour laquelle l'éthique de la belle vie n'a à peu près rien à voir avec une « machine d'expérience » qui produirait mécaniquement du bonheur, et doit au contraire constamment composer avec l'attraction sublime de l'horreur et les risques de catastrophe, comme le montrent la plupart des films cités ou analysés dans l'ouvrage.

CHAPITRE PREMIER

AIMER, BOIRE ET... DURER?

Tandis que le texte allemand de la valse de Strauss : *Aimer, boire et chanter*, disait seulement : « Qui n'aime pas vin, les femmes et la chanson, reste un idiot toute sa vie [1] », les premiers vers de la version française explicitent le message en proclamant : « Sachons aimer, boire et chanter, C'est notre raison d'exister, Il faut dans la vie Un brin de folie! », tout en ajoutant un peu plus loin : « Ah! laissez-le chanter/Laissez-le rire et s'exalter Quand l'ivresse finira/C'est dans les larmes, des larmes brûlantes Qu'il se réveillera! ». L'une des chansons populaires les plus optimistes introduit ainsi le thème du désespoir comme prolongement naturel des ivresses amoureuses ou éthyliques, le dégrisement ou la démystification étant pour ainsi dire coextensifs à l'enchantement. En l'occurrence, on ne sait pas très bien pourquoi les larmes sont si proches, contrairement à une autre chanson célèbre : *Plaisir d'amour* [2] qui faisait de l'inconstance de « l'ingrate Sylvie » la cause du malheur d'aimer. La descente d'ivresse semble ici une cause suffisante de désillusion : après avoir chanté, forcément on déchante. Mais pourquoi faudrait-il toujours déchanter après avoir chanté?

Le malheur et la belle vie

Si on fait abstraction dans un premier temps de toutes les raisons sociales, politiques ou écologiques qui pourraient faire douter des chances de belle vie, l'explication la plus simple – on pourrait dire essentielle – tient sans doute aux malheurs de l'existence humaine parsemée d'accidents, de maladies et de morts qui en font cette

1. « Wer nicht liebt Weib, Wein und Gesang, Der bleibt ein Narr sein Leben lang », texte original attribué à Martin Luther (1483-1546).
2. 1785, Paroles de J.-P. Claris de Florian, musique de J.-P.-É. Martini.

« vallée de larmes » dont les élus aspirent à se libérer. Les religions du salut-délivrance étudiées par Max Weber [1] ont longuement cultivé l'idée que le bonheur n'est pas de ce monde et que les illuminations de la belle vie ne peuvent être que fugitives ou précaires. On pense ici aux souffrances de Job, dont le bonheur déplut à Satan et qui fut donc frappé dans ses possessions, ses serviteurs, ses enfants et jusqu'à son propre corps, et qui s'écrie : « Mes soupirs sont ma nourriture, Et mes cris se répandent comme l'eau. Ce que je crains, c'est ce qui m'arrive ; Ce que je redoute, c'est ce qui m'atteint. Je n'ai ni tranquillité, ni paix, ni repos, Et le trouble s'est emparé de moi [2]. » Bien que Job lui-même ait finalement été rétabli par l'Eternel dans son premier état de bonheur en raison de sa piété, l'impression perdure que, pour le commun des mortels, il est vraiment difficile d'échapper à la péremption et aux tristesses du monde. L'explication du désenchantement par les malheurs de l'existence serait ainsi irréfutable, puisqu'elle est essentielle à la condition humaine.

C'est pourtant bien parce que ces malheurs paraissent inévitables, à terme, qu'on aimerait en attendant savourer et faire durer ce qu'on appelle la belle vie, non pas pour dénier l'existence du malheur, mais pour en éloigner la perspective aussi longtemps qu'on le peut. La belle vie est en effet ce temps illuminé des plaisirs et des belles choses qu'on souhaite prolonger indéfiniment lorsque « le doux présent nous enlace Tant qu'aimer n'est pas trop tard [3] », ou faire advenir le plus intensément possible, suivant le décompte de Baudelaire : « On dit que j'ai trente ans ; mais si j'ai vécu trois minutes en une… n'ai-je pas quatre-vingt-dix ans [4] ? », ou dont on aimerait au moins conserver le souvenir – contrairement à ce qui arrive à l'actrice Isabelle Carré qui perd la mémoire dans le film *Se*

---

1. Voir M. Weber, *Sociologie de la religion*, trad. fr., J.-P. Grossein, Paris, Gallimard, 1996.
2. *Livre de Job*, 3.
3. « Ni trop tôt, ni trop tard », paroles de Rezvani, alias Cyrus Bassiak, musique W. Swingle, album Jeanne Moreau, 1963.
4. Baudelaire, « *Fusées* », dans *Œuvres complètes*, « Bibliothèque de la Pléiade », Paris, Gallimard, 1961, p. 1260.

souvenir des belles choses[1]. C'est ce sens de la durée impérissable du présent, des intensités de vie ou du beau souvenir, dont l'enchantement résisterait à l'usure du temps réel, qui donnerait aux promesses de belle vie le pouvoir de démentir la nécessité du désenchantement consécutif aux ivresses amoureuses, éthyliques ou autres.

La notion de *belle vie* n'est du reste pas une notion habituelle du langage philosophique. Je l'utilise néanmoins de préférence à celle de « vie bonne », plus courante, en raison de sa valeur d'enchantement du temps ordinaire qui inclut, en plus de cette référence implicite à une durée impérissable, même lorsque le temps réel est compté, une référence explicite à l'esthétique. Cette dimension est déjà présente dans l'association aristotélicienne de la vertu avec ce qui est beau (τό καλόν[2]), et on la retrouvera plus tard au centre de la réflexion des philosophes écossais[3], et même chez Kant. Mais la dimension esthétique peut être utilement dissociée de la vertu morale lorsqu'on choisit le beau, le vif, l'intense, le noble, le sublime, l'extrême..., par un goût immédiat et souverain, sans trop s'interroger sur sa dimension éthique, et sans même être assuré de parvenir à une fin heureuse. De plus, quoique souvent associée au bonheur ou, plus exactement, à une « promesse du bonheur[4] », la belle vie n'est pas identique au bonheur, que ses excès rendent parfois impossible, mais dont elle peut aussi permettre de compenser les échecs. Enfin, sur un plan social et politique, on verra que l'esthétique plus ou moins candide de la belle vie peut faire aussi bon ménage avec l'engouement généreux en faveur de la démocratie pour tous, qu'avec l'égoïsme, voire le cynisme pur et simple.

---

1. *Se souvenir des belles choses*, Zabou Breitman, France, 2002.
2. Voir le commentaire de Joe Sachs, « Aristotle : Ethics », *Internet Encyclopedia of Philosophy*.
3. Voir F. Hutcheson *Recherche sur l'origine de nos idées de la beauté et de la vertu*, trad. fr. A.-D. Balmès, Paris, Vrin, 2015, et *infra*, chap. VII.
4. Voir Stendhal, *De l'Amour*, chap. XVII, cité par Baudelaire, « *Le peintre de la vie moderne* », *Œuvres complètes, op. cit.*, p. 1155.

Au contraire du langage philosophique, la notion de belle vie est très fréquente dans le langage ordinaire, où elle sert à célébrer l'instant : « Elle n'est pas belle la vie ? », ou à éloigner les plaintes et les récriminations, et à « positiver » par la recherche des contrepoints optimistes aux malheurs ou à l'usure de l'existence[1]. La « belle vie » permet également de désigner une existence libérée des contraintes communes : l'économie, le travail, le temps compté, les règles juridiques, le mariage, les préjugés, les routines...[2], avec parfois une notion de facilité qui peut la disqualifier. C'est d'ailleurs une des raisons pour lesquelles la belle vie n'est pas toujours là où l'on croit. Ainsi, dans un film de 2013 intitulé précisément *La belle vie*[3], l'un des deux jeunes gens kidnappés pendant leur enfance par un père anarcho-écolo qui les a élevés en pleine nature : avec les bêtes, les plantes, les saisons et les feux de cheminée, à l'écart des pollutions du monde contemporain, téléphone un jour à son frère depuis Orléans où il a décidé de s'enfuir pour échapper à l'idylle de la vie rurale : « Je bosse dans un petit bistrot, j'ai mes horaires, mon salaire, ma piaule. – C'est la belle vie, quoi ! », réagit le jeune frère resté à la campagne.

De fait, comme ses promesses sont ambiguës et loin d'être toujours tenues, la belle vie apparait très souvent sous une forme ironique dans des titres de films[4], de séries[5] ou de romans qui portent davantage sur les faux-semblants, les embarras ou les catastrophes de la belle vie que sur ses prouesses. C'est sous ce registre, par exemple, qu'un roman : *This beautiful life*[6] présente une famille de l'upper class new-yorkaise qui consacre tous ses efforts à la réussite professionnelle du mari et au bonheur des deux enfants, mais se trouve soudain frappée par un scandale épouvantable. L'ado de

1. Ecouter par exemple les chansons de Doc Walker, *Beautiful Life*, 2008 ; Shawn Pander, *What a Beautiful Life*, 2010 ; Chris Mann, *Beautiful Life*, 2011.

2. Écouter la chanson de Sacha Distel, *La belle vie* (Distel-Broussole), 1963.

3. *La belle vie*, Jean Denizot, France, 2013,

4. Voir *La dolce Vita*, Federico Fellini, Italie, 1960.

5. *Plus belle la vie*, série française de Georges Desmouceaux *et al.*, depuis août 2004.

6. H. Schulman, *This beautiful life*, NY, Harper Collins, 2011.

la famille a eu en effet le mauvais réflexe de diffuser sur le Web la vidéo érotique personnelle que vient de lui adresser une jeune fille dont il est secrètement amoureux, incapable qu'il est de lire dans cet envoi l'aveu d'un sentiment réciproque – cette incapacité à percevoir les sentiments réels étant le corollaire supposé de l'existence purement virtuelle sur Internet. Au vu de ce genre d'exemples, il peut sembler en effet réaliste, voire prophylactique, de se montrer convaincu que l'exaltation de l'existence intense ou facile repose immanquablement sur le déni d'un mal ou d'un malaise plus profond. Il se pourrait néanmoins que la domestication du malaise fasse partie, comme le risque de désenchantement, des vertus de la belle vie.

« Les histoires d'amour finissent mal, en général... »

Le désenchantement consécutif aux ivresses peut avoir des explications beaucoup plus spécifiques que celles des malheurs de l'existence en général. Ainsi celle des histoires d'amour qui finissent mal « en général », comme le chantent les Rita Mitsouko [1], à cause de la perméabilité essentielle des liens érotiques, constamment ouverts aux vents contraires des désirs concurrents qui lassent les uns et condamnent les autres à l'éternel regret de ce qu'ils n'obtiendront jamais plus. C'est même cette éventualité plus ou moins grande de l'intrusion d'un tiers qui détermine l'intensité érotique et le pouvoir addictif de chaque histoire d'amour, la concurrence du tiers étant un index de la valeur de l'objet aimé, mais surtout aussi de sa capacité à désirer lui-même et à aimer des êtres supposés désirables [2].

Le film ultime d'Alain Resnais, qui a emprunté son titre à la valse du même nom : *Aimer, boire et chanter* [3], propose une version subtile de cette situation qui souligne à la fois la pérennité intime des folies amoureuses et leur partialité essentielle : les trois femmes du

1. Album *The No Comprendo*, 1986.
2. Voir P. Pharo, *La dépendance amoureuse, attachement, passion addiction*, Paris, P.U.F., 2015.
3. *Aimer, boire et chanter*, Alain Resnais, France, 2014.

film ne pourront pas partir en même temps à Tenerife avec l'homme qu'elles ont aimé autrefois, atteint aujourd'hui d'un cancer, non seulement parce que celui-ci est menacé d'une mort prochaine, mais aussi parce que leurs maris actuels se montrent plutôt rétifs et que la folie d'amour ne se partage pas avec les concurrent(e)s. Cependant, au lieu de mettre l'accent sur le désespoir d'être délaissé, comme le font la chanson *Plaisir d'amour* et une multitude d'histoires du même genre, le film s'amuse de l'égoïsme naïf de l'élan amoureux qui, chaque fois qu'il cherche à s'accomplir, n'hésite pas à laisser quelqu'un d'autre sur le carreau. La leçon douce-amère du film évite néanmoins la pente du désespoir amoureux en faisant du désenchantement une partie de la folie espérée : sans doute aucune de ces femmes ne croyait-elle vraiment au voyage aux Canaries, mais cet espoir suffisait à rehausser les couleurs de leur vie ordinaire. La folie ne serait donc pas tant dans ce qu'on fait que dans ce qu'on rêve, comme un ornement de l'existence qui rend la vie un peu plus belle, ce qui est une des façons de domestiquer les malaises plus profonds.

Sous ses allures de comédie innocente et futile, cette version apaisée du désenchantement amoureux atténue sans doute son caractère douloureux, mais en accentue, mine de rien, le caractère implacable. Sur les six personnages du film, un seul, l'agriculteur (André Dussolier) semble encore enchanté par son épouse (Sandrine Kimberlain), qui malheureusement lui préfère son précédent compagnon, dont la maladie rappelle la finitude essentielle des histoires humaines qui met tôt ou tard un terme à n'importe quelle ivresse de belle vie. Ce scénario est conforme à la leçon de la chanson et à une idée fréquente de la mythologie amoureuse populaire ou savante, selon laquelle la folie d'amour ne fait pas bon ménage avec la durée prise au sens d'une relation étalée dans le temps. Cette tension entre la passion éphémère et incandescente et la longue durée du temps réel, longuement décrite, par exemple, dans le livre de Denis de Rougemont, *L'amour et l'Occident*[1], alimente le sens

---

1. Denis de Rougemont, *L'amour et l'Occident*, Paris, Plon, 1939.

classique de la tragédie aussi bien que le sens ordinaire des folies d'amour.

Ce pronostic pessimiste sur la durée des relations amoureuses intenses a sans doute un arrière-fond naturaliste ignoré dans les fonctions ancestrales du désir amoureux qui, chez certaines espèces, semble rendre inutile la durée individuelle, dès lors qu'il garantit la durée génétique des caractères. Cela arrive par exemple chez les oiseaux exotiques observés par Darwin[1]. Ceux-ci arborent des plumages vivement colorés qui les rendent plus attractifs dans la sélection sexuelle opérée par des femelles (pour qui le beau est déjà, comme chez Stendhal, une promesse de bonheur), mais aussi très vulnérables à d'éventuels prédateurs qui peuvent les repérer de loin. Les risques mortels de la conquête amoureuse sont encore accrus chez d'autres organismes vivants : araignées, crustacés, escargots marins, baudroies, poissons-pêcheurs, organismes microscopiques..., où la durée de vie individuelle du mâle se confond avec la durée nécessaire à la transmission de ses gamètes, la digestion du mâle par la femelle étant la suite normale de l'accouplement !

Ces exemples ne confirment pourtant que partiellement le caractère décourageant, pour les amours en devenir, du modèle de la passion souveraine et mortelle. Car, d'un point de vue évolutionniste, le diagnostic doit aussi tenir compte de la durée de la gestation et de la conduite des petits à l'âge adulte, assumée en principe par les femelles, mais avec le concours des mâles chez de nombreuses espèces[2]. De plus, le détour évolutionniste montre que le sens de la durée amoureuse se transforme au moment de la conquête sexuelle, passant de l'individu à la lignée lorsque l'ivresse amoureuse aboutit à sa fin naturelle qui est la transmission des caractères génétiques par le biais d'une descendance. L'intensité amoureuse devient alors un chemin potentiel vers l'immortalité, non pas de la relation ou de l'individu, mais de ses caractères. En ce sens d'immortalité génétique, et malgré leur fin malheureuse si fréquente, les folies

1. Voir Charles Darwin, *La descendance de l'homme*, trad. fr. E. Barbier, Paris, Reinwald, 1881.
2. Voir J. Roughgarden, *Le gène généreux*, trad. fr. T. Hoquet, Paris, Seuil, 2012.

d'amour présenteraient même un avantage adaptatif dans la mesure où elles incitent fortement à se rapprocher des partenaires amoureux. Dans les cultures humaines de la belle vie, ce mécanisme évolutionnaire de l'immortalité assurée par le succès reproductif a perdu sa fonction génétique initiale, en devenant un schème imaginaire extrêmement puissant et efficient non seulement pour les amoureux qui rêvent d'une éternité amoureuse, mais aussi pour les héros, les illuminés et tous les individus prêts à prendre tous les risques pour goûter les intensités d'une ivresse, au risque d'écourter sensiblement la durée de leur vie individuelle. C'est ce schème imaginaire, issu lui-même d'un arrière-plan naturaliste où la mort de l'individu assure la survie de l'espèce, qui a permis d'étendre le modèle de la passion souveraine et mortelle à tous les territoires aventureux ou limites de l'existence humaine, notamment les guerres et les drogues [1].

... Les histoires d'alcool et de drogue aussi

Les histoires d'alcool et autres substances psychoactives, exemplaires de ce genre de risque, ont elles aussi la réputation de mal finir « en général », non pas cependant à cause de la concurrence des prétendants ou de la résistance de l'aimé(e), mais, comme le proclament les Narcotiques Anonymes, en raison de l'incompatibilité du *high* et du *clean* qui rend impossible le bien-être ordinaire lorsqu'on est devenu sévèrement accro à quelque chose. Le désespoir apparaît ici comme la conséquence inévitable du manque incontrôlable généré par les addictions, et de l'impossible retour à une vie normale qui serait pourtant la seule alternative.

Les neurosciences de l'addiction confirment ce diagnostic en montrant comment le renouvellement des ivresses peut entraîner un dérèglement durable des circuits neurochimiques de la récompense dans le cerveau, suscitant alors le manque, le craving, les usages compulsifs, la tolérance qui pousse à augmenter les doses, les symptômes de sevrage en cas d'abstinence, et en définitive le

---

1. Voir *infra*, chap. III et VII.

dérèglement de toute la vie affective et sociale, rendant désormais inaccessibles les simples jouissances de la vie ordinaire. Les illuminations de l'ivresse excluant les joies d'une vie raisonnable, on conseille alors de préférer la tranquillité d'une vie bien réglée à l'ivresse mortelle de la défonce, au risque cependant d'un autre péril, celui de l'ennui mortel à perpétuité... Or, c'est précisément ce risque que rejettent certains usagers de drogue, partisans d'une vie intense et fulgurante, et qui, comme les oiseaux de Darwin, préfèrent avoir « brûlé la chandelle par les deux bouts » bien avant le temps de la maison de retraite : « Le toxicomane est celui qui ose défier la mort, dit par exemple un usager d'héroïne [1], alors que partout dans notre société on nous dit : "Vous allez vivre cent ans, ne mangez pas de sucre, ne grossissez pas, prolongez votre vie, prenez des gélules d'extrait de foie...", tout ça pour essayer de devenir grabataire. »

On peut supposer qu'au-delà du plaisir de la transgression ou de la revendication bravache de ce qu'on est, parce qu'on l'est, ce genre de posture repose sur un autre sens de la durée que celui de la temporalité personnelle envisagé par les partisans d'une longue vie clean. Ce sens de la durée est également très différent de l'immortalité évolutionnaire de la lignée assurée par la transmission des caractères à une descendance – la postérité ne recueillant pas grand chose de l'incandescence momentanée des usagers de drogue. Il s'agirait plutôt ici d'une sorte d'éternité esthétique associée à l'apparition de pensées sublimes ou de sentiments hors du commun, comme le souligne un autre usager de drogue : « L'opium..., c'est bon, ça vous éclaire, ça vous donne un autre mouvement, c'est plus fort que tout. Mais l'héroïne en shoot ! déjà vous avez le flash... qui vous passe partout dans les oreilles, dans la tête, c'était géant, et c'est l'accro à coup sûr... C'est pour ça que la drogue est bonne, mais elle est mortelle ». L'intensité ou la splendeur de certaines consommations psychoactives substituerait ainsi au temps personnel réel, l'atemporalité euphorique ou extatique qui accompagne la subversion de l'ordinaire, le face à face avec la mort

---

1. Voir les témoignages recueillis dans P. Pharo, *Philosophie pratique de la drogue*, Paris, Cerf, 2011.

et la découverte de nouveaux territoires esthétiques, longuement décrits par exemple dans l'ouvrage classique de Louis Lewin *Phantastica*[1]. « Qu'importe l'éternité de la damnation à qui a trouvé dans une seconde l'infini de la jouissance ? », écrivait Baudelaire dans le même ordre d'idée, pour conclure majestueusement sa méchante blague de potache aux dépens d'un malheureux vitrier[2].

Toutes proportions gardées, ce genre de posture n'est pas sans rappeler celle du héros grec résumée par Jean-Pierre Vernant sous la forme du dilemme suivant : « Ou bien la gloire impérissable du guerrier, mais la vie brève ; ou bien une longue vie chez soi, mais l'absence de gloire[3] ». Le dilemme oppose, là encore, deux sens de la durée suivant qu'elle s'applique à la vie personnelle, qui peut être brève, ou à la gloire, qui est « la vie dans la mémoire des hommes[4] » et dure autant qu'un souvenir en témoigne. En choisissant la belle mort, la mort glorieuse dans l'intensité du combat, le héros homérique se projette dans la mémoire à venir, laissant là les promesses de sa vie personnelle. Ou, plus exactement, il les concentre sur la seule jouissance présente de sa gloire à venir. Celle-ci ne lui ferait probablement aucun effet s'il n'en était pas *maintenant* le témoin. Il accepte de mourir maintenant, parce qu'il jouit *maintenant* de son immortalité future, et l'admiration de ceux qui viendront plus tard fait partie de sa jouissance *actuelle*. Le caractère déictique d'une jouissance dans *ce* moment précis que *je* suis en train de vivre est aussi important pour celui qui accepte de mourir maintenant dans l'intensité de son expérience, qu'il l'est pour celui qui, tout au contraire, ne veut pas encore mourir et réclame plus de vie maintenant, juste *maintenant*, et non pas du point de vue du compte global de ses jours : à quoi servirait d'avoir vécu mille

1. L. Lewin, *Phantastica, l'histoire des drogues et de leur usage*, Paris, Payot, 1928.

2. Baudelaire, « Le mauvais vitrier », *Le spleen de Paris*, dans *Œuvres complètes, op. cit.*, p. 240.

3. P. Vernant, *L'individu, la mort, l'amour*, Paris, Gallimard, 1989, p. 43 ; Paris, Folio-Gallimard, 1996.

4. Denis de Gourmont, *Le chemin de velours*, Paris, Société du Mercure de France, 1902, p. 34 ; Paris, Éditions Du Sandre, 2008.

ans de plus si je dois de toute façon mourir maintenant[1] ? De façon inverse, mais selon la même logique, le héros grec et l'usager de drogue se disent : à quoi servirait de vivre mille ans de plus si je suis privé de ce que je vis maintenant ?

C'est par cette immédiateté de la jouissance extrême que l'usager de drogue peut se rapprocher du héros grec, dont il diffère néanmoins du point de vue de la mémoire qu'il laisse à la postérité, ne pouvant guère compter, le pauvre, sur une gloire à venir, même s'il tire peut-être de cette consommation radicale de lui-même une cause supplémentaire de fierté. Au demeurant, le toxicomane n'aime sans doute pas plus la mort que le héros grec, cette mort que le texte homérique présente toujours sous les aspects les plus sombres et les plus lugubres et avec les mots les plus affreux. Ce qu'il aime, c'est un certain sens du présent dont les couleurs sont rehaussées par le risque de mort, comme le héros guerrier dont les couleurs du présent sont sublimées par la proximité de la bataille mortelle. Dans les deux cas, la belle mort, c'est d'abord la belle vie dans la splendeur impérissable du moment présent.

En ce sens de sublimation immédiate du présent, l'ivresse à base de substance psychoactive ou d'émotion forte paraît finalement très proche de l'ivresse amoureuse dont elle produit du reste le même genre d'effet, et parfois de façon décuplée, comme le soulignait Baudelaire : « Ces yeux de somnambule révulsés, ces membres dont les muscles jaillissent et se roidissent comme sous l'effet d'une pile galvanique, l'ivresse, le délire, l'opium, ne vous en donneront certes pas d'aussi affreux, d'aussi curieux exemples, dans leurs plus furieux résultats[2] ». Suivant des théories actuelles, l'addiction ne serait du reste qu'un effet dérivé de l'ivresse amoureuse qui utilise les mêmes mécanismes neurologiques de la récompense, mais à des fins détournées[3]. Il est peu probable en effet que les

---

1. Voir J. Raz, *Value, Respect, and Attachment*, Cambridge, Cambridge University Press, 2001.

2. Baudelaire, « Fusées », *op. cit.*, p. 1249.

3. Pour une revue de la littérature spécialisée sur ce sujet, voir P. Pharo, *La dépendance amoureuse*.

systèmes neuronaux de la récompense activés, et éventuellement déréglés par l'usage des drogues, se soient formés et aient évolué dans l'environnement ancestral pour répondre aux seuls besoins de stimulation, d'euphorie ou de sédation satisfaits par l'alcool et autres drogues. On considère au contraire que l'effet psychoactif des substances et pratiques du même nom ne peut s'exercer dans le cerveau que sur un terrain neuropsychique évolutionnairement préparé au plaisir et à l'ivresse par l'attraction et l'excitation amoureuse nécessaires à la reproduction de l'espèce au travers de la sexualité et des relations d'attachement.

Comment être durablement l'esclave de ses passions

Si l'on revient maintenant à la question initiale : pourquoi faudrait-il toujours déchanter après avoir chanté ?, on voit bien pourquoi les histoires d'amour, d'alcool, de drogue ou d'émotion forte peuvent connaître une fin tragique : c'est en effet leur intensité-même qui les pousse à l'emballement, pour ne pas interrompre l'émotion et le plaisir, et les met ainsi à la limite mortelle de l'existence. Et c'est encore cette intensité qui peut être recherchée de façon compulsive et auto-destructrice, même lorsque les chances de l'obtenir sont devenues infimes.

On dispose aujourd'hui, grâce aux neurosciences, d'une meilleure connaissance de ces « machines désirantes », suivant le terme prophétique de Deleuze et Guattari[1]. On sait en effet que certains mécanismes neuronaux et neurotransmetteurs du cerveau, en particulier ce qu'on appelle les circuits dopaminergiques de la récompense situés dans sa partie frontale, sont directement impliqués, stimulés ou activés en cas de motivation à la sexualité, à l'attachement ou aux substances et pratiques psychoactives telles que le jeu, la prise de risque ou la consommation marchande. Cette machinerie offre une signature neurochimique, sinon du plaisir lui-même[2], du moins de la propension naturelle et de la posture d'esprit

---

1. G. Deleuze et F. Guattari, *L'anti-Œdipe*, Paris, Minuit, 1972.
2. Pour plus de détails, voir *infra*, chap. VII.

qui poussent à le rechercher, ou à rechercher quelque chose qui sera ressenti comme une bonne surprise, un achèvement du désir ou un soulagement d'un manque ou d'une douleur.

On sait aussi que cette machinerie existe chez tous les humains et chez d'autres animaux, et qu'elle se manifeste sous des formes singulières suivant la constitution génétique et l'histoire de chaque individu. Dans les recherches actuelles sur l'addiction et les pathologies du plaisir, on considère que cette machinerie conditionne l'apparition de n'importe quelle motivation pratique et que c'est seulement son emballement et son dérèglement qui conduisent aux déboires des toxicomanies, pratiques compulsives, expériences-limites et autres folies amoureuses. Il n'y a donc aucune nécessité de principe en faveur d'une fin tragique des histoires d'amour, de consommation psychoactive ou d'émotion forte. La vulnérabilité génétique ou sociale, la chance et la malchance, l'habileté et la maladresse, le sens du malheur ou la confiance en soi… jouent dans chaque histoire un rôle beaucoup plus décisif que la destinée tragique supposée inhérente à la vie humaine. C'est d'ailleurs bien parce que la tragédie n'est qu'une des contingences de la vie que la culture libérale contemporaine accorde autant de soin et d'importance à l'accomplissement d'une longue vie heureuse.

De fait, on peut parfois faire durer très longtemps une relation amoureuse dont le charme, ou le sortilège, vous a pris radicalement, corps et âme, quelles que soient les formes plus ou moins explosives ou apaisées de ce charme : celui d'Abélard pour Héloïse ou de Jeanne Duval pour Baudelaire. C'est du reste ce qu'envisagent les Rita Mitsuko lorsqu'il ajoutent : « Pas toujours ! » à la fin d'une des versions de leur chanson. De même, on peut aimer les highs de l'alcool ou de certaines drogues et pratiques extrêmes sans sombrer dans une addiction dramatique ou succomber à une catastrophe, à condition de bien choisir ses drogues, de ne pas s'y enferrer et de s'en prémunir suffisamment pour éviter les carrefours mortels. Et il en va de même pour beaucoup d'émotions fortes.

Je croisais l'autre jour sur la digue d'un port océanique un jeune garçon, dont le jeu consistait à courir aussi vite que possible sur une balustrade en ciment de 50 cm de large avec d'un côté le quai et de l'autre, plusieurs mètres au-dessous, les blocs de béton pour arrêter la mer. Je le voyais arriver de loin non sans une certaine inquiétude, et lorsqu'il fut à ma hauteur, il me fit un grand sourire, ce qui suffit à lui faire perdre l'équilibre. Mais, fort heureusement, il avait prévu le coup et sauta résolument du côté du quai. Supposer la tragédie nécessaire n'est peut-être au fond qu'un préjugé naturaliste dont la culture de la belle vie, au-delà du sacrifice des oiseaux de Darwin et autres animaux, pourrait nous délivrer, à condition de ne pas passer du mauvais côté de la balustrade. La suite de ce livre consistera précisément à explorer en détail, à partir de tableaux (ciné)sociologiques, ce conditionnel, sous ses aspects défavorables : ce qui fait qu'on s'enferre dans un présent destructeur pour les autres ou pour soi-même, ou favorables : ce qui fait qu'on se laisse durablement « enlacer par le doux présent ».

Dans ce genre d'exploration, on aimerait pouvoir spécifier davantage les sortes de plaisir ou de joie indissociables de ce qu'on appelle une belle vie, considérée comme le prolongement *durable* (plutôt que l'emballement ou le dérèglement) d'une motivation intense. Toutefois, si l'on connaît de mieux en mieux la signature cérébrale de certaines joies, comme celles de l'élan érotique ou des ivresses associées aux différentes drogues, il serait difficile de faire correspondre ces mécanismes neurochimiques à des distinctions conceptuelles précises, permettant de décrire certaines des joies les plus indispensables à une belle vie. Pour essayer malgré tout de mieux les cerner, on pourrait distinguer le *contentement* qui vient de ce qu'on a des buts et qu'on les a remplis, qui pourrait correspondre à la joie qui suit l'effort dans beaucoup de philosophies[1]. Il y aurait aussi la *jubilation* qui vient d'une jouissance de ce qu'on a durablement : un abri, un amour, un confort…, et qui se distingue de l'orgasme par sa moindre violence : non pas une secousse mais plutôt une longue vibration qui traverse le corps satisfait, et par l'amplitude qu'elle prend, au-delà du corps, en incluant des objets,

---

1. Voir Spinoza, *Ethique*, p. 3, Prop. 18, Scol. 2.

êtres et situations environnantes, qui contribuent à cette sorte de joie. Il y a enfin l'*éblouissement* qui est certainement la plus intellectuelle des joies ou des jouissances, lorsqu'on est illuminé par la beauté des objets ou des êtres du monde, et qui est aussi la plus centrale des attentes de belle vie.

Akolasia ou akrasia ?

Selon un vocabulaire courant de la tradition philosophique, nous sommes réputés être les « esclaves » de nos passions et de leurs effets motivationnels, ce qui semble en effet peu contestable. Cependant, quelle que soit la couleur des sentiments qui leur sont associés, les mécanismes neurochimiques qui entretiennent la motivation pratique ne sont pas un esclavage dont on pourrait se libérer par le seul exercice de la tempérance, mais une dépendance constitutive qu'il n'est pas facile de contourner. Sans prendre forcément la forme d'une exaltation ou d'une addiction destructrice, la neurochimie de la motivation pratique habitue en effet notre désir ou notre volonté à attendre et à rechercher une certaine sorte de plaisir ou de bonne nouvelle, quel que soit notre effort de gestion rationnelle.

D'un point de vue philosophique, cette situation courante de la motivation pratique paraît beaucoup mieux décrite par la notion aristotélicienne d'akolasia (auto-indulgence), qui consiste à faire, « par choix et pour aucun autre résultat[1] », ce qu'on désire le plus et qui ne relève pas forcément du meilleur jugement, que par celle d'akrasia (intempérance ou faiblesse de la volonté), tout simplement parce que le conflit de volonté, caractéristique de l'akrasia, est toujours second par rapport à l'apparition d'un désir, une motivation ou une excitation en direction d'un objet. Une des thèses que j'ai voulu défendre dans des travaux antérieurs sur l'usage des drogues et pratiques psychoactives en général : sexe, jeux, alimentation, achats, aventures…, est que ces usages ne sont pas primairement « akratiques » (intempérants ou incontinents), même s'ils peuvent le devenir lorsqu'ils sont envahissants et suscitent des culpabilités et

---

1. Aristote, *Ethique à Nicomaque*, VII, 1150a 20.

conflits de volonté, mais primairement « akolastiques », c'est-à-dire « auto-indulgents » (suivant une traduction anglaise d'akolasia) ou même, si l'on préfère, « déréglés » suivant une traduction française du terme aristotélicien. Autrement dit, ils sont fondés sur la motivation et l'engagement « de bon cœur », d'autant plus évidents et indiscutables pour un sujet que cette motivation apparaît comme une propriété qui lui est essentielle. Il est naturel, ou si l'on veut inévitable, d'être l'esclave de ce que l'on est, puisqu'on l'est. Ce qui l'est moins, c'est d'essayer de s'en libérer – bien que cela soit personnellement ou juridiquement requis en cas de désir destructeur pour soi-même (addiction) ou pour les autres (pédophilie, sadisme, sociopathie, etc.)

Les philosophes ont souvent essayé de distinguer les vraies joies (spirituelles, morales…) des plaisirs plus ou ou moins vils et aliénés de l'existence ordinaire – ceux qui restent sous l'emprise des « passions » sans que la liberté humaine n'y ait introduit son ordre. Cependant, aucune joie ou jouissance ne paraît en elle-même, de par sa propre nature de jouissance, bonne ou mauvaise. Le fait de jouir semble bon par définition du point de vue du sujet qui a désiré et qui éprouve cette jouissance, puisque, comme l'indiquait Spinoza : « C'est ce que nous désirons que nous nommons un bien[1] ». Et ce sont plutôt les causes suscitant la jouissance qui peuvent faire l'objet d'un jugement de valeur, puisqu'il ne suffit pas que quelque chose soit bon pour qu'on l'aime, et inversement, que quelque chose soit mauvais pour qu'on ne l'aime pas[2].

On trouve une explication de cette situation dans la vieille histoire platonicienne du *Philèbe* lorsque Socrate soulignait le caractère irréfutable du plaisir qui, au sens de l'expérience qu'on a lorsqu'on l'éprouve, est toujours « vrai[3] », mais qui peut aussi être « faux » d'un point de vue cognitif par rapport aux causes qui le suscitent. Les mauvais plaisirs ne seraient pas l'effet d'une

1. Spinoza, *Ethique*, p. 3, Prop. 49, Scol.
2. *Ibid.*
3. *Philèbe*, 36c.

nature mauvaise (comme le soutiendra plus tard Aristote[1]), mais la conséquence d'une erreur cognitive, ou plus exactement d'une erreur de perception, dont le modèle est celui de l'opinion fausse qu'on peut avoir d'un homme debout derrière un rocher, confondu avec une statue[2]. On jouit ici de quelque chose qu'on a pris par erreur pour autre chose ou qui a été associé par accident à des choses plaisantes[3], ou alors des effets plaisants qui accompagnent certaines souffrances, suivant l'exemple du galeux qui se réjouit de suspendre sa démangeaison en se grattant[4] ou de l'envieux qui se délecte des échecs d'autrui[5]. Platon lui-même préférait le plaisir sans « vacuité », c'est-à-dire celui qui est le plus pur, sans mélange et non précédé de la souffrance du manque. Mais il semble bien avoir soutenu que l'impropriété ou l'immoralité des plaisirs ne vient pas de leur nature de jouissance, mais seulement de leurs causes plus ou moins distordues.

On admettra plus facilement le caractère moralement indifférent de n'importe quelle joie ou jouissance, si l'on remarque que, même dans les procès judiciaires, ce qu'on juge n'est pas le plaisir, mais la cause, c'est-à-dire l'acte qui l'a suscité. Cette abstention normative permet de concentrer l'attention sur les chaînes causales plus ou moins directes ou détournées qui ont pu entraîner l'attente d'une jouissance, particulièrement lorsqu'on est soi-même le sujet de cette chaîne et qu'on se met à douter de la valeur de ses propres plaisirs – souvent parce qu'ils sont entremêlés, comme chez le drogué ou le galeux de Socrate, de souffrances trop vives. L'expérience de déchanter après une ivresse est en fait étroitement associée au sentiment d'avoir fait une erreur, ou un contresens sur l'objet de son attirance, non pas en cessant d'aimer ce qu'on aimait (c'est généralement au-dessus de nos forces), mais en comprenant qu'on

---

1. Aristote, *Ethique à Nicomaque*, par exemple 1154b33, 1173b21. Voir aussi *Grande morale*, 1205a30, 1205b8.

2. *Philèbe*, 38d.

3. *Ibid.*, 42a *sq.*

4. *Ibid.*, 47b.

5. *Ibid.*, 48a.

aurait mieux fait d'aimer autre chose [1], comme dans les attachements compulsifs à des personnes non disponibles, les addictions sévères et toutes les aventures en forme d'impasse.

Chanter sans risquer de déchanter impliquerait en fin de compte, non pas forcément un meilleur sens moral, mais seulement un meilleur jugement pratique pour ne pas se tromper sur ce qui, pour chacun, rend la vie belle et lui donne le sens d'une durée impérissable : l'extase de certains moments, la postérité d'une descendance, la jubilation ou la gloire d'une mémoire à venir ou le bonheur prolongé d'une longue vie ou d'une longue relation. Au plan individuel, toute la difficulté réside ainsi dans l'ajustement de ces différents sens de la durée à ce qu'on est soi-même et au genre d'esclavage dont on serait bien incapable de se libérer.

Faire durer les sociétés libérales ?

Les remarques précédentes sur les pathologies individuelles du plaisir et les chances d'y échapper pourraient aisément être étendues au plan collectif des sociétés libérales et démocratiques, dont les évolutions obligent là aussi et de plus en plus à « chercher l'erreur ». L'une des causes du désenchantement provient notamment de la difficulté à envisager un avenir durable pour une forme de vie sociale qui a fait de l'auto-indulgence collective dans la recherche du bonheur l'alpha et l'omega de son organisation, mais qui donne l'impression d'être en train de s'autodétruire par sa consommation boulimique et inégalitaire des biens de la planète, sur le modèle des drogués qui se détruisent eux-mêmes.

Tel qu'il s'est développé depuis la Renaissance et les Lumières, l'âge libéral s'est appuyé plus ou moins explicitement sur deux piliers que sont la liberté individuelle et la jouissance des biens disponibles, autrement dit le libre choix des individus pour tout ce qui les concerne contre toute intrusion de l'Etat ou de la collectivité, et l'accès élargi aux biens et fonctionnements de base ainsi

---

1. Ce point est largement documenté dans P. Pharo, *Philosophie pratique de la drogue*.

qu'aux satisfactions offertes par le jeu réciproque de l'innovation technologique et du libre marché. Le libre choix individuel et l'accès aux biens et fonctionnements de base : travail, logement, éducation, santé, sécurité, dignité..., ont été formulés comme des principes de philosophie politique[1], tandis que l'accès aux jouissances consuméristes a été plutôt le résultat contingent du développement des forces productives et du marché dans le cadre du capitalisme. En pratique, l'accès aux jouissances procurées par le marché est resté profondément inégalitaire tandis que leur valeur a été de plus en plus contestée, surtout d'ailleurs par ceux qui ont eu la chance d'y goûter et s'en sont dégoûtés, cultivant la nostalgie de formes de vie plus frugales. Ces jouissances ont été néanmoins plébiscitées par tous ceux qui en ont été privés, comme en témoigne par exemple l'usage universel des automobiles, aéroplanes, téléphones portables et ordinateurs, sans parler des flux ininterrompus de migration en direction des pays les plus riches.

Le libéralisme pratique, au sens d'un élargissement continu des libertés individuelles et des jouissances des biens terrestres, est ainsi devenu le sens le plus général qu'on peut donner à l'évolution, depuis la seconde guerre mondiale, des sociétés occidentales et d'autres sociétés aux régimes politiques différents. Toutefois, les espérances soulevées après-guerre par la défaite du fascisme ont été largement déçues par le tournant néolibéral de la fin du XXe siècle, qui s'est traduit entre autres par l'accroissement des inégalités, l'érosion planifiée et continue des progrès sociaux, et surtout par la légitimation intime des élites économiques à cultiver leur cupidité individuelle[2] au détriment de leurs devoirs sociaux. D'autre part, l'idée d'une jouissance illimitée des biens terrestres s'est heurtée aux limites bien réelles de ce que peuvent absorber les environnements naturels, ce qui a créé de nouvelles contraintes sur la production et les échanges, tout en alimentant un rejet global du libéralisme économique, voire du libéralisme tout court – comme si

1. Voir par exemple Amartya Sen, *Un nouveau modèle économique, Développement, justice, liberté*, trad. fr. M. Bessières, Paris, Odile Jacob, 2003.
2. Voir le chap. IV.

l'antonyme, c'est-à-dire le dirigisme ou l'autoritarisme, était devenu une panacée. Une large partie des symboles de belle vie associés aux standards sociaux des classes aisées est alors tombée sous le coup d'une critique ravageuse liée à leur vacuité morale, voire à leur perversité, développée par ceux-là mêmes qui font l'objet de cette critique, à savoir la partie la plus prospère et la plus éduquée des sociétés libérales qui porte souvent sur elle-même un regard sociologique impitoyable. Et la multiplication des doutes et menaces sur notre forme de vie a eu pour effet d'affaiblir les espérances de réparation ou de reconstruction, suscitant une suspicion généralisée, confirmée par des sondages internationaux à propos de la validité du capitalisme de marché, sur laquelle l'immense majorité des répondants exprime un jugement réservé ou carrément négatif[1].

Pourtant, si on le prend au sens simplement pratique : faire ce que nous désirons et jouir de ce qui nous plaît sur terre, le libéralisme est beaucoup moins équivoque et devrait être moins péjoratif que le libéralisme économique associé à ceux qu'on classe en France sous le label de « libéraux », c'est-à-dire en fait les économistes qui s'inscrivent dans la lignée de Milton Friedman, hostiles à toute régulation publique sur la concurrence et le droit du travail, et partisans aujourd'hui de politiques d'austérité et de restriction monétaire. Le libéralisme pratique est cependant parfaitement compatible avec une régulation publique des échanges économiques suivant les fins souhaitées par la collectivité, comme il l'est avec une gestion intelligente de la fiscalité en vue de réduire les inégalités sociales. Curieusement d'ailleurs, une grande partie des « antilibéraux » français se réclame de Keynes qui se considérait lui-même comme un libéral, et le sens américain du mot « libéral » (parfois traduit par « socialo ») inclut précisément cette référence keynésienne à l'intervention de l'Etat[2]. Le libéralisme pratique est également moins tendancieux que le libéralisme « moral », car il

1. Voir par exemple le sondage de la BBC réalisé en 2009 dans 27 pays auprès de 29000 personnes, http : //news.bbc.co.uk/2/mobile/in_depth/8347409.stm
2. Voir G. Dostaler, « Du libéralisme au néolibéralisme », *Sciences humaines*, Grands Dossiers n° 14-mars-avril-mai 2009.

n'implique a priori aucune doctrine ou abandon de responsabilité sur l'étendue et la limite des devoirs de chacun vis-à-vis des autres et de soi-même. Le libéralisme pratique a en revanche une affinité naturelle avec le libéralisme politique et la démocratie, comme source légitime de toute régulation collective, bien que ce genre de régime politique soit encore proscrit par des pays qui ont libéralisé leurs marchés ou leurs mœurs, mais pas leurs institutions politiques.

Le libéralisme pratique est en tout cas devenu un modèle universel de civilisation qui, jusqu'à la résurgence récente des fondamentalismes religieux, a eu une telle puissance que nul n'a pu y échapper, et surtout pas les critiques les plus virulents de la société capitaliste. Ce fut le cas des marxistes et autres révolutionnaires qui élevaient d'autant plus fort leur critique contre le système qu'ils pensaient pouvoir attendre infiniment plus de *félicités terrestres* d'une libération des forces productives et des échanges sous un gouvernement communiste. Quant aux protestataires actuels, écologistes, anticapitalistes et autres « zadistes » (de l'acronyme ZAD : « zones à défendre »)[1], ils ne font que proposer une autre version du libéralisme pratique, plus imaginative et respectueuse de la nature et de l'équité dans les relations de travail et d'échange, ce qui est le moins qu'on puisse attendre d'un « développement durable ». Mais c'est bien toujours la même confiance dans les possibilités de liberté et de belle vie terrestre qui alimente l'espérance d'une transformation profonde de la forme de vie libérale, avec au minimum une meilleure régulation des marchés pour enrayer leurs conséquences insupportables en termes d'exclusion des pauvres et de destruction des ressources naturelles.

Les démarches critiques et les perspectives de transformation sont du reste elles-mêmes un élément constitutif du libéralisme pratique dans la mesure où elles favorisent une adhésion provisoire à notre forme de vie, tout en appelant à des mondes futurs qu'on espère plus beaux, plus justes et plus respectueux de la nature (à condition qu'aucune catastrophe ne se produise d'ici là). Cette

---

1. Voir *infra*, chap. v.

adhésion provisoire est cependant jugée honteuse par la critique, ce qui suscite un sentiment de culpabilité diffus ainsi que des manœuvres de camouflage des aspirations personnelles, lesquelles passent aussi par des pratiques de consommation marchande et de promotion individuelle, ne serait-ce que pour séduire les êtres qu'on aime ou conquérir les positions sociales dont on rêve pour soi-même ou ses proches et ses descendants. Les membres des sociétés libérales et démocratiques peuvent alors perdre toute confiance et toute volonté de défendre leur forme de vie, comme si sa décadence et son écroulement étaient d'ores et déjà inévitables, alors même qu'ils en sont profondément imprégnés et qu'ils ne cessent de la promouvoir par leurs propres pratiques. On a un exemple de cette déréliction dans le roman de Michel Houellebecq[1] qui prophétise la soumission politique au fondamentalisme musulman ou, pire encore, celui de Jean Rolin[2] qui imagine le chaos d'une guerre civile de type syrien dans le décor de la France contemporaine. Les ennemis mortels du libéralisme pratique ne s'y sont du reste pas trompés puisque c'est bien cette forme de vie libre, socialement imaginative et consumériste des plaisirs de la vie qu'ils ont violemment attaquée lors des attentats du 13 novembre 2015 à Paris.

Ce qui rend pourtant le modèle libéral digne d'être préservé dans la durée, au-delà même de son hédonisme matériel (qui n'est pas non plus à mépriser!), ce sont ses principes de liberté et d'égalité entre les individus, les sexes, les âges, les goûts, les orientations morales et sexuelles, les choix de résidence ou de migration, les modes d'expression, les intimités, les ambitions, les systèmes de famille, les conformations physiques et intellectuelles, les croyances philosophiques et religieuses, les aménagements de vie ou de fin de vie... Ce sont ces engagements pratiques, dont certains sont encore contestés ou en devenir, qui rendent irremplaçable la promesse des sociétés libérales et démocratiques, mise en question par leurs propres membres, et détestées par les mouvements politiques antilibéraux.

1. M. Houellebecq, *Soumission*, Paris, Flammarion, 2015.
2. J. Rolin, *Les événements*, Paris, P.O.L., 2015.

Chapitre II

« CE QUE NOUS VOULONS : TOUT ! »

« Il est l'heure de s'enivrer ! proclamait Baudelaire. Pour n'être pas les esclaves martyrisés du Temps, enivrez-vous ; enivrez-vous sans cesse ! De vin, de poésie ou de vertu, à votre guise [1]. » Cette apologie œcuménique de toutes les ivresses nous plaît pour des raisons associées à cette constitution anthropologique évoquée précédemment qui nous a disposés, dans le passé ancestral de l'espèce, à rechercher les émotions fortes et les intensités de l'existence. Elle nous plaît aussi parce qu'elle correspond à un moment beaucoup plus « libéré » de l'histoire sociale des démocraties libérales qui accorde moins d'importance à la sobriété des premiers entrepreneurs capitalistes [2] et beaucoup plus au contraire à la consommation plus ou moins débridée des biens de la vie [3]. Elle est même formulée de façon suffisamment large pour plaire aussi aux fondamentalistes éthiques et religieux (s'ils s'intéressaient à Baudelaire...) qui s'enivrent de vertu aux quatre coins de la planète pour mener une guerre idéologique ou armée contre le libéralisme pratique.

Une telle extension est du reste une des raisons pour lesquelles l'apologie salutaire des ivresses ne devrait pas nous empêcher de reconnaître une certaine hiérarchie parmi elles, suivant les conséquences plus ou moins bonnes ou destructrices qu'elles ont pour chaque individu et pour son entourage. Cette préoccupation impliquerait en particulier de mieux cerner les esclavages passionnels qui ne martyrisent personne : ni autrui, ni soi-même..., en vue de documenter une sorte de philosophie morale dont le programme

1. Baudelaire, « Enivrez-vous », *Le spleen de Paris, op. cit.*, p. 286.
2. Voir M. Weber, *L'Ethique protestante et l'esprit du capitalisme*, trad. fr. J. Chavy, Paris, Plon, 1964.
3. Voir Robert H. Frank, *La course au luxe. L'économie de la cupidité et la psychologie du bonheur*, trad. fr. M. Arav et J. Hannon, Genève, M. Haller, 2010.

serait à peu près : « Puisque nous sommes forcément les esclaves de nos passions, soyons des esclaves heureux et inoffensifs ». C'est le caractère plutôt hypothétique de ce programme qui peut inciter à prendre les choses à rebours : chercher les possibilités au travers des impossibilités, avec notamment des personnages de cinéma qui, sans forcément se noyer dans leurs bulles d'eau ou de champagne, ne sont ni vraiment heureux, ni toujours inoffensifs.

Inflation des récompenses et aristocratisation du goût

Ce genre de personnages intéresse aussi, au premier chef, une sociologie morale appliquée a la subjectivité des membres des classes aisées et éduquées des sociétés libérales, dont les désirs et les goûts habituels prolongent directement les croyances associées à leur statut et habitus social [1]. L'une de leurs particularités est de pouvoir espérer, sans doute pour la première fois dans l'histoire humaine, accomplir d'un seul mouvement au cours de leur propre existence les quatre sens de la durée évoqués précédemment : les moments intenses, la descendance, la mémoire de la postérité et une longue vie heureuse, grâce à l'élévation du niveau et de la durée de vie et à la multiplication des consommations psychoactives et culturelles (à condition qu'ils n'attrapent pas trop tôt un cancer ou une maladie coronarienne). Ces espérances nourrissent l'investissement familial, le développement des divertissements et activités intenses ou extrêmes, le narcissisme social des entrepreneurs et créateurs de toutes sortes, l'hygiénisme généralisé, et, en fin de compte, l'essor des maisons de retraite comme image inversée ou épuisée du rêve initial.

Malgré leurs crises cycliques et leurs inégalités profondes, les démocraties libérales ouvrent en effet des perspectives en termes de jouissance de *tous* les bonheurs de l'existence qui ne furent jamais égalées du point de vue de la masse de personnes susceptibles d'y accéder ou d'espérer y accéder. Les critères intemporels de la belle

---

1. Voir P. Bourdieu *La distinction, critique sociale du jugement*, Paris, Minuit, 1979.

vie : amours, plaisirs, intensités, excitation, envie (au sens d'une forte motivation à faire quelque chose), vertiges (déséquilibre, risques), égarement (dans l'inconnu, l'insaisissable, l'énigmatique...), peuvent aujourd'hui être beaucoup plus largement satisfaits par les offres du libéralisme économique en matière de sexualités, de drogues, de jeux, de sports, de spectacles, de voyages et d'explorations, de confort et de commodités domestiques, de santé, de procréation ou de longue vie, de pouvoir ou d'argent. Toutefois, la belle vie qui, malgré sa connotation esthétique, a toujours été un « intérêt » dont la satisfaction dépend de certaines « capabilités[1] » sociales, implique désormais un recours beaucoup plus fréquent à l'argent comme moyen privilégié de satisfaire des intérêts qui ne sont pas eux-mêmes d'ordre pécuniaire.

Les occasions de belle vie sont ainsi devenues plus onéreuses, faisant regretter à beaucoup les joies simples d'une existence plus « naturelle » ou d'un bonheur moralement plus cohérent. Mais elles sont aussi devenues beaucoup plus variées et durables que dans les temps anciens, bien qu'on ait perdu, du fait de la civilisation des mœurs, le plaisir de la bataille, de la poussière et du sang qui enivrait les héros grecs et les chevaliers[2], et qui pousse encore aux extrêmes certaines franges de la population. Le rêve de belle vie repose plus que jamais sur un sens intime de la gloire et de la splendeur qui nous fait saliver ou rêver pour les belles choses exaltantes et « non commerciales », mais il doit en même temps s'appuyer sur les moyens de félicité plus ou moins suspects offerts par le marché. Ce paradoxe se traduit souvent, sur le plan personnel, par un sentiment d'inadéquation entre les désirs intimes de joie et d'illumination, et les moyens utilisés pour les obtenir qui font l'objet d'une critique et d'un trouble récurrent, encore accru par les menaces politico-écologiques du monde réel et l'accroissement des écarts de fortune contraires à l'idéal égalitaire.

---

1. Voir Martha C. Nussbaum, Amartya Sen, *The Quality of Life*, Oxford, Clarendon Press, 1993.
2. Voir *infra*, chap. III.

La philosophie du bonheur de l'âge libéral apparaît également comme une philosophie de l'excès créatif qui, à l'opposé de la médiété aristotélicienne, s'exerce dans tous les domaines qui valorisent la prouesse, à commencer par la réussite scolaire ou l'invention technique ou artistique, favorisant des excès consuméristes reposant eux-mêmes sur la même logique. Cette tournure d'esprit alimente une recherche de dépassement esthétique et rationnel que l'on va retrouver dans les accomplissements technologiques, toujours plus inventifs et virtuoses, mais aussi, paradoxalement, dans les stratégies plus ou moins cyniques des élites politiques et économiques, aussi bien que dans les extrêmes de l'imagination artistique et de la critique politico-écologique. A l'accaparement de l'idéal esthétique par les classes riches qui consomment abondamment opéras, concerts, théâtre, œuvres d'art, vernissages, paysages, architectures, bijoux, îles désertes, parures…, tout en donnant libre cours à leurs désirs de pouvoir et d'enrichissement, peut ainsi correspondre terme à terme une revendication esthétique de la part des critiques de la société de consommation qui dénoncent pêle-mêle « l'horreur économique [1] », la destruction des environnements naturels ou la laideur des enseignes publicitaires aux entrées de villes, tout en consommant abondamment le même type de biens culturels et artistiques que les élites économiques.

Dans le prolongement de travaux sociologiques classiques [2], on pourrait avancer que l'inflation des innovations culturelles et technologiques du vingtième siècle a entraîné une sorte d'aristocratisation du goût qui pousse une large partie des classes moyennes, quels que soient ses propres moyens de vie, à penser sa propre existence à partir des critères de goût des classes les plus riches [3]. Contrairement à l'idée d'une stricte segmentation culturelle suivant

1. Suivant le titre d'un livre de Vivianne Forrester, *L'horreur économique*, Paris, Fayard, 1996.

2. Voir N. Elias, *Über den Prozess der Zivilisation*, Frankfurt am Main, Suhrkamp, 1997 ; P. Bourdieu, *La distinction*.

3. Voir A. Accardo, *Le Petit Bourgeois Gentilhomme. Sur les prétentions hégémoniques des classes moyennes*, Paris, Labor, 2003.

les niveaux de revenus, les moins riches des classes moyennes partagent en effet les mêmes goûts que les plus riches, quoiqu'avec un peu moins de moyens pour les satisfaire [1]. On perçoit cette mixité sociale de la culture du beau dans la fréquentation de masse des musées, des concerts et la consommation des produits culturels, aussi bien que dans le nombre de véhicules garés en bord de route lorsque, par exemple, une foule très diverse socialement interrompt sa course vers le Sud pour contempler dans toute leur majesté les arches du viaduc de Millau ou se donne rendez-vous chaque soir sur la corniche californienne de Big Sur pour admirer le coucher du soleil sur le Pacifique. L'aristocratisation de la culture du beau est d'autant plus sensible que les plus éduqués des moins riches ont fréquenté les mêmes écoles que les enfants des plus riches – ce qui donne aussi, en sens inverse, la possibilité à ces derniers de partager une variante plus populaire de goût esthétique dans des formes de langage, des pratiques culturelles et des modes d'habillement [2]. Et, comme le reconnaît sans le vouloir un pourfendeur du libéralisme [3], l'existence de cette « aristocratie culturelle » qui n'a nul besoin d'être « cooptée par la naissance ou l'argent », est un effet direct du développement des sociétés libérales.

On trouve un témoignage assez touchant de ce partage du goût aristocratique dans l'émerveillement des sociologues Michel et Monique Pinçon qui visitent jardins et châteaux dans le film de Jean-Christophe Rosé diffusé sur FR3 [4] consacré à la préparation de leur livre sur *Les ghettos du Gotha* [5]. Ce petit film étonnant dévoile la réflexivité du cinéma appliquée à la réflexivité de sociologues sollicitant eux-mêmes celle de leurs sujets d'enquête ! Les deux chercheurs s'interrogent entre autres, non sans lucidité, sur leur rôle vis-à-vis de ces riches qui les reçoivent dans des dîners et

---

1. Voir Robert H. Frank, *La course au luxe*.
2. Voir S. Khan, *La nouvelle école des élites*, trad. fr. D.-G. et M.-B. Audollent, Marseille, Agone, 2015.
3. G. Châtelet, *Vivre et penser comme des porcs*, Paris, Gallimard, 1999, p. 18.
4. *Voyage dans les ghettos du gotha*, documentaire, France, 2008.
5. M. Pinçon, M. Pinçon-Charlot, *Les ghettos du Gotha*, Paris, Seuil, 2008.

cocktails, mais dont ils dénoncent les privilèges dans leurs livres. Ils s'exposent ainsi très loyalement aux critiques de leurs interlocuteurs à qui ils viennent soumettre leurs écrits, suscitant par exemple cette sévère objection : « Vous déniez le droit à l'idéalisme! », lorsqu'ils évoquent la condescendance des riches en général. Objection à laquelle ils ne peuvent répondre que par une reconnaissance du rôle éminent de ces riches dans la conservation du patrimoine artistique : « Vous défendez l'intérêt général en défendant les châteaux », dit Monique Pinçon-Charlot, sur le ton de la plus grande sincérité. Et on suppose que c'est sans la moindre tricherie qu'ils évoquent un sens partagé du beau lorsqu'ils débutent ainsi leurs entretiens : « On fait une recherche sur la défense des belles choses, et surtout des beaux espaces aussi bien à la campagne qu'à la ville ».

Dans cet élargissement du rêve aristocratique, la confusion des perspectives de classe s'impose d'autant plus facilement que riches et pauvres occupent aussi, chacun à leur tour, les positions humaines fondamentales de la jeunesse, de l'amour, des alliances, de la vieillesse ou de l'héritage, avec la poésie, l'emphase ou le pathétique inter-social qui s'attachent à ces positions. C'est un aspect qu'on perçoit très bien dans le film précédent au travers des façons plus ou moins orgueilleuses et ridicules de ces « riches » interviewés, en particulier des plus vieux, qui en fin de compte se révèlent humainement aussi vulnérables et ordinaires que n'importe qui. C'est aussi l'existence de cette communauté de fragilités humaines qui permet au cinéphile des classes moyennes de se retrouver si facilement dans les dilemmes existentiels de personnages de cinéma qui appartiennent aux classes supérieures de la société : aristocrates, artistes reconnus et grands bourgeois.

En témoignent des films comme ceux d'Olivier Assayas qui mettent en scène les angoisses de la classe supérieure artistique : amours, concurrences, drogues et patrimoines, tout en permettant à une partie plus large et moins bien lotie des classes moyennes d'y trouver une illustration de ses propres angoisses de vie. Un bon exemple serait *L'heure d'été*[1], petit film adoubé par la critique

1. *Milou en Mai*, Louis Malle, France, 2008.

américaine, qui montre les limites de la bonne volonté des héritiers à conserver collectivement un patrimoine affectif et artistique lorsqu'ils sont pris dans les contraintes de leurs propres vies et carrières. La vieille dame (magnifique Edith Scob) dont l'anniversaire est fêté par ses enfants et leurs conjoints, artistes ou financiers dispersés aux quatre coins du globe, aimerait bien qu'après sa mort soit conservée la maison familiale, avec ses nombreux tableaux collectés pendant toute une vie passée auprès d'un artiste aujourd'hui décédé. Mais le vœu se révèlera impossible à exaucer lorsque les mêmes personnages sont à nouveau réunis quelque temps plus tard pour l'enterrement de la mère, l'éloignement des uns et le besoin d'argent des autres rendant inéluctable la vente du patrimoine. Sort commun des héritiers, quel que soit l'importance de l'héritage, dont témoignait déjà le film de Louis Malle, *Milou en Mai*[1], autour d'un Michel Piccoli solitaire et indifférent aux intrigues, mais émerveillé par les délices de la vie et les effervescences de Mai 1968.

Le fond de la piscine

Parmi les signes de cette aristocratisation du goût, et quoiqu'en disent certains critiques de cinéma (« quoi de plus mortellement ennuyeux qu'une baraque avec piscine[2] »), la maison ensoleillée avec une piscine toute bleue dans le jardin est devenue l'un des symboles les plus communs de belle vie, présent dans nombre de publicités, souvent en alternance avec les cocotiers des plages tropicales, comme un condensé du rêve que chacun entretiendrait dans les turbulences et l'ennui du labeur quotidien. Et lorsqu'au contraire Isabelle Adjani chantait, dans son « petit pull marine[3] » : « J'ai touché le fond de la piscine », c'était pour signifier l'écroulement radical de son espérance de belle vie – qui n'était en l'occurrence qu'un banal chagrin d'amour. On peut du reste observer l'extension de ce luxe à une grande partie de la classe moyenne – avec par exemple 1,6 millions de piscines privées en France et

---

1. *L'heure d'été*, Olivier Assayas, France, 1990.
2. I. Potel, *Libération*, 28-5-2004, critique de *Swimming Pool*.
3. Album Gainsbourg-Adjani, 1983.

un taux d'équipement de 12% des ménages (contre 30 à 40% aux Etats-Unis)[1]. Tout le problème étant de savoir ce que chacun va chercher, et finalement trouver au fond de sa piscine.

L'acteur-réalisateur Jean-Louis Trintignant avait souligné la portée sociale du symbole de la piscine, lorsqu'il résumait le sujet de son curieux film *Le maître-nageur*[2], mettant en scène les relations perverses d'un milliardaire en fauteuil avec un maître-nageur se laissant humilier pour satisfaire les espoirs d'enrichissement de son épouse : « Cette piscine, c'est en quelque sorte la société, disait-il, c'est-à-dire qu'il est aussi difficile de vivre dans notre société quand on est pauvre que de survivre dans une piscine[3]. » Pour rendre ce rapprochement un peu moins énigmatique, on pourrait imaginer une sorte d'équivalence entre le malaise moral des riches et le malaise social des pauvres. Le fond de la piscine auquel se heurtent les espérances de l'upper class ou de la classe moyenne supérieure serait ainsi comme la version enrubannée de la misère ordinaire des classes pauvres et des exclus, les joies de la belle vie apparaissant dans les deux cas aussi problématiques que leur durée.

Ce contraste entre la surface éblouissante et le fond chaotique est devenu en tout cas un thème récurrent d'une série de films qui se plaisent à instiller le trouble et le malaise sous les couleurs béates du farniente auprès des bassins transparents. Ainsi par exemple l'affiche anglaise du film de François Ozon, *Swimming Pool*[4], annonce d'emblée : « On the surface, all is calm » (« en surface, tout est calme »), pour résumer le séjour sulfureux au bord d'une piscine d'une auteure populaire de romans policiers, mais vieillissante et en mal d'inspiration (Charlotte Rampling), et d'une jeune femme volage, et plutôt dérangeante (Ludivine Sagnier) par l'étalage de sa sensualité et ses allées et venues désordonnées dans la maison et

---

1. D'aprèsl'AFP, citéesurhttp://www.20minutes.fr/economie/910333-20120403-piscine-privee-democratise-espoir-professionnels-secteur, article publié le 03.04.2012.

2. *Le maître-nageur*, Jean-Louis Trintignant, France, 1979.

3. Vidéo du 1er mars 1979.

4. *Swimming Pool*, François Ozon, France-Grande-Bretagne, 2003.

autour de la piscine, souvent accompagnée par des garçons ramassés dans des boîtes de nuit locales. Les relations entre les deux femmes vont passer progressivement de l'agacement à la concurrence séductrice, puis à la complicité criminelle lorsque la plus âgée aide la plus jeune à faire disparaître le corps d'un amant frappé d'un coup de pierre mortel, pour cause de désintérêt sexuel après un bain de minuit. La dame vieillissante retrouve peu à peu auprès de la jeune femme des expressions de vitalité qu'elle avait, on le suppose, perdues depuis longtemps : le bain dans la piscine, la danse, la séduction physique..., sans parler de la participation en personne à une histoire policière qu'elle se contentait jusqu'ici d'imaginer pour ses romans de gare – comme une sorte de sauvagerie civilisée distillée par l'ambiance languissante autour du carré bleu.

Le film d'Ozon a lui-même été comparé à un opus plus ancien de Jacques Deray[1] qui, sous le même titre en français, mettait en scène un couple d'amants lascifs qui passe ses vacances au bord d'une piscine et reçoit la visite d'un ami accompagné de sa fille. La concurrence des beautés incandescentes de Romy Schneider et de Jane Birkin y est bientôt surpassée par celle des deux hommes, l'hôte et l'ami (Alain Delon et Maurice Ronet), dont le premier commence par séduire la fille du second, qu'il finit par assassiner, une nuit de soûlerie, en l'empêchant tout simplement de sortir de la piscine dans laquelle il est malencontreusement tombé. On aurait pu aussi élargir la comparaison à une autre histoire de crime passionnel dans une piscine, celle du film *Deep end* de Jerzy Skolimowski[2], qui met en scène un adolescent amoureux d'une jeune femme plus âgée, employée dans une piscine municipale, où elle rend aux clients différentes sortes de services, érotiques notamment. La jalousie du garçon est attisée par le spectacle du commerce du sexe autour de celle qu'il aime, image perturbante d'une société d'adultes déréglée. Dans la scène finale qui se déroule dans une piscine vide, l'adolescent dépité projette violemment une lampe sur la nuque de

---

1. *La piscine*, Jacques Deray, France Italie, 1969.
2. *Deep end*, Jerzy Skolimowski, Grande-Bretagne, Allemagne, 1970.

sa bien-aimée, l'accompagnant ensuite dans sa noyade au fond de la piscine en train de se remplir.

Au-delà du fait divers meurtrier, ces violentes concurrences et empoignades tapies sous la volupté des bords de piscine pourraient symboliser celles qui tiraillent non seulement les sociétés, mais aussi, dans leur for intérieur, les individus contemporains confrontés à leurs propres démons, en l'occurrence ceux de la conquête, de la jalousie et de la haine des rivaux dans un contexte d'hédonisme et de gloutonnerie institutionnalisé par les sociétés libérales. La leçon de ces films semble porter en effet sur la fragilité morale des individus plus ou moins émancipés confrontés à l'empire de leurs passions, qu'ils ne se donnent même pas la peine de combattre, et dont au contraire ils accomplissent sans sourciller les pires conséquences. Cette fragilité morale telle que le cinéma nous la donne à voir nous intéresse parce qu'elle n'est pas une pure perversion ou seulement la résurgence inattendue du Mal là où ne l'attendait pas, mais une sorte de conséquence presque normale de l'idéal social de lucre et de belle vie symbolisé par le farniente aristocratique au bord des piscines : c'est-à-dire au fond une critique radicale d'un modèle de bonheur fondé sur un confort sans âme, et disposant au pire par conséquent. C'est en tout cas ce que l'expression filmique, issue elle-même des classes aisées et éduquées des sociétés libérales, semble dire de ces mêmes classes aisées et éduquées.

La déchéance du Swimmer

Sur un mode à peine moins violent, l'affiche du film *The Swimmer*[1], sur lequel je voudrais maintenant m'arrêter, menace chacun d'entre nous d'un retour problématique sur lui-même lorsque se dissiperont ses mirages de belle vie aristocratique : « When you talk about "The Swimmer" will you talk about yourself? » (« Quand vous parlerez "du Nageur", parlerez-vous de vous-même? »). Mais il s'agit moins ici, comme dans les films précédents, d'un retour sur les démons intérieurs (la menace d'un basculement vers le

---

1. *The Swimmer*, Frank Perry, USA, 1968.

Mal), que d'un retour sur l'*angélisme* intérieur dont seraient animés les meilleurs d'entre nous, mais dont les effets dans la vie réelle seraient désespérément déviés par des circonstances non voulues – lesquelles sont aussi des circonstances sociales, produisant leurs effets dévastateurs au travers de l'égoïsme et de la mesquinerie qui règnent dans les classes riches de l'Amérique heureuse.

The Swimmer, curiosité du cinéma hollywoodien qui fut d'abord boudée par la critique avant de devenir film-culte (le film fut terminé par Sydney Pollack), met en scène l'acteur Burt Lancaster qui incarne une sorte de revenant d'une ancienne vie de patachon surgissant de nulle part, un matin, en maillot de bain, sur la terrasse ensoleillée d'une villa du Connecticut, pour plonger artistiquement dans l'eau bleue de la piscine. Les occupants du lieu, qui ont eux-mêmes passé une nuit assez alcoolisée, lui font d'abord fête, avec force distribution d'apéritifs, quoiqu'en manifestant un peu moins d'entrain pour le suivre dans ses barbotages, trop pris qu'ils sont par leurs affaires et la fructification de leurs fortunes. Evoquant de vieux amis dont les propriétés parsèment les alentours, le héros, Ned Berril, s'avise soudain de l'existence d'une enfilade de piscines qu'il pourrait emprunter pour rentrer chez lui « à la nage ». « Pourquoi faire une chose pareille ? » demande une des femmes présentes, étonnée. « Les piscines, répond-il, forment une rivière jusqu'à chez moi… Je vais l'appeler la rivière Lucinda », du nom de sa femme, dont on ne saura à peu près rien jusqu'à la fin du film, sinon qu'elle était la partie fortunée du ménage mais qu'ils sont aujourd'hui séparés à la suite d'une « sale histoire », qui restera elle aussi assez obscure. Le film laisse seulement entrevoir l'irruption d'« un garçon arrogant et enflammé » qui a causé la ruine du héros en lui faisant perdre son job, mais aussi sa femme, et ses filles par la même occasion.

Toute la force du film réside dans cette énigme d'un passé dont les enluminures se sont un jour effondrées, et la descente aux enfers que va représenter la traversée à la nage de cette enfilade de piscines, confrontant le personnage à la série de ses anciennes conquêtes féminines qui fut aussi celle de ses défaites sociales, affectives et morales – symboles elles-mêmes des impasses de l'aristocratie américaine, telles qu'un cinéaste critique peut se les représenter. C'est une sorte d'épreuve de vérité qui va révéler le mariage *avorté* de l'angélisme intérieur, incarné par la flamboyance séductrice du héros, avec l'égoïsme, la mesquinerie, la futilité et l'hypocrisie des classes riches, dont il va découvrir qu'il était lui-même partie prenante, alors même qu'il se croyait « very special… noble and splendid », comme il l'affirme fièrement à une des femmes rencontrées au bord d'une piscine. Le signe de sa différence était d'ailleurs que Ned avait préféré installer chez lui des courts de tennis pour ses filles, plutôt qu'une piscine ! Cette candeur du personnage qui semble intimement persuadé de sa propre gloire, sans se soucier des conséquences qu'elle peut avoir autour de lui, pourrait être caractéristique des tendances eudémonistes du temps, confondant l'exaltation que procure la recherche de la belle vie avec un sens intime et souverain de la vertu.

Malgré le scepticisme que suscite son projet, Ned Berril l'exécute d'abord avec le plus grand enthousiasme, plongeant et émergeant lestement de piscine en piscine avant de s'éloigner sous les arbres. Lorsqu'il surgit inopinément dans une autre propriété, une femme entre deux âges le reçoit avec amabilité en lui vantant la qualité de son eau : « pure à 99,9999 pour cent ! » (contrairement peut-être aux gens qui s'y baignent), et la réussite financière de son mari qui surgit à son tour, perché sur un motoculteur, pour évoquer les vraies valeurs du milieu : argent, gadgets et techniques du bonheur domestique. Malgré le trouble qui s'insinue déjà, ce n'est qu'à la piscine suivante que l'heureux climat affectif commence à se défaire, lorsque Ned émerge chez une femme plus âgée qui lui dit sèchement : « Qui vous a permis d'utiliser la piscine ? », l'obligeant à rappeler qu'il est un ami de son fils : « Vous osez ! Vous n'êtes jamais venu le voir à l'hôpital… Ne revenez plus jamais ici ! ».

Dans le plan suivant qui montre sa fuite éperdue sur un long sentier forestier, Ned est accompagné par une caméra impressionniste dont les flous et les irradiations de lumière sont sensées révéler son désarroi intérieur. Décontenancé, Ned s'est arrêté pour réfléchir à son passé, c'est du moins ce qu'on suppose, jusqu'à ce que la même caméra psycho-intrusive fasse un gros plan sur son œil, puis de là vers une trouée de lumière où se dessine un cheval au galop dont l'image s'agrandit. Ned donne alors l'impression d'avoir donné un coup de talon sur le fond de sa piscine intérieure en se remettant à courir gaiement à côté du cheval. Jusqu'à parvenir devant une nouvelle piscine dont émerge une jeune fille qui fut l'ancienne baby-sitter de ses filles, et qui va accepter avec joie de l'accompagner dans sa nage « originale ». Leur plongée main dans la main dans la piscine, puis dans la chaude lumière de l'été, courant ensemble sous le soleil qui irise l'eau, les arbres, la nature, offre l'image du bonheur parfait, que Ned aurait enfin retrouvé, comme s'il ne s'était rien passé, comme si le monde était enfin à la hauteur de ses espérances. La jeune fille lui raconte ses rêves d'enfant, comment elle était autrefois folle de lui, reniflant son après-rasage dans la salle de bain et lui volant une chemise pour respirer son odeur le soir dans sa chambre.

La suite du périple sera pourtant de moins en moins radieuse. Dans une réception de la villa suivante, des fêtards viennent vers Ned, poussés par la mauvaise conscience ou le désir frustré, s'agissant d'une femme magnifique qui n'apprécie ni sa jeune compagne, ni la perspective de revoir son épouse. Et lorsqu'il reprend sa course éblouie au soleil, le héros se blesse à la cheville après une série de bonds majestueux au-dessus des barrières d'un enclos. Comble de désagrément, au moment où il se fait lyrique en se rapprochant de la jeune fille avec un verset de la Bible : « Ce ventre est un monceau de froment entouré de lys [1] », celle-ci lui fait comprendre qu'elle n'est plus la petite fille d'autrefois, avant de s'échapper prestement dans les sous-bois. C'est donc tout seul et en boitillant que Ned va poursuivre son parcours de natation, ponctué d'abord par la piscine d'un couple de nudistes qui se veulent libres et antirépressifs, mais dont la femme craint surtout que Ned leur demande de l'argent : « Les dons aux amis ne sont pas déductibles des impôts », dit-elle ;

---

1. *Cantique des Cantiques*, 7-2.

et un peu plus loin par la rencontre d'un petit garçon qui joue de la flûte en vendant des verres de limonade. Signe d'une société qu'on suppose égoïste et déliquescente, les parents poursuivent ailleurs et séparément leurs rêves amoureux en le laissant ici tout seul avec une bonne, devant une piscine vide : « Ils l'ont vidée parce que je nage mal, dit l'enfant, je suis nul en sports, on ne me nommera jamais capitaine. – C'est bien mieux comme ça… on n'a pas besoin d'être capitaine », rétorque Ned, toujours prêt à séduire. L'homme et l'enfant descendent alors dans la piscine vide pour mimer une nage imaginaire.

Alors que le temps a commencé à se couvrir, Ned arrive ensuite dans une fête au bord d'une autre piscine couverte d'un tunnel de verre, où il se fait traiter de pique-assiette par la dame de la maison qui lui reproche de n'avoir jamais répondu à ses invitations, avant de se faire salement bousculer par le propriétaire des lieux pour avoir réclamé la restitution d'un charriot utilisé autrefois pour transporter ses enfants. Le chemin de croix se poursuit avec la rencontre, près d'une autre piscine, d'une ancienne maîtresse qui l'aime encore et qu'il a lui-même aimée, sans avoir eu pourtant le courage de quitter sa femme. Le rappel amer du passé donne lieu à quelques tirades bien senties sur le temps qui passe : « On va tous mourir, Shirley, ça n'a aucun sens ». Malgré sa pitié lorsqu'elle le voit trembler de froid, épuisé par son délire, la jeune femme ne cède pas à ses avances et le laisse finalement flotter seul à la surface de la piscine, dont il est obligé, cette fois, de prendre l'échelle pour ressortir.

L'épilogue du *Swimmer* se fait en plusieurs temps, avec d'abord la traversée cauchemardesque d'une autoroute surchargée de voitures qui le frôlent de toutes parts, puis la baignade dans une piscine municipale fréquentée par des gens du peuple. Obligé de prendre une douche à l'entrée, il s'y fait renvoyer une nouvelle fois pour se laver les pieds et, suprême humiliation, on lui demande encore d'écarter les orteils pour vérifier leur propreté. Ayant quand même réussi a traverser à la nage la cohue des baigneurs, il est reconnu par d'anciens fournisseurs qui se moquent de lui : « Vos amis sont à court d'eau ? » et lui rappellent ses goûts de riche, ses ardoises impayées et les frasques de ses filles. Harcelé de toutes parts, Ned s'enfuit par une paroi rocheuse pour se retrouver un peu plus tard devant la grille de fer rouillé de son ancienne maison. Le jardin est à l'abandon et la maison inhabitée, avec un carreau cassé. En caméra subjective, Ned s'approche du porche de la maison abandonnée. On le voit alors taper sur la porte fermée avant que la caméra se glisse dans la maison vide, autour de vieilles raquettes de tennis posées sur un carton de déménagement. L'orage éclate et tandis que la pluie tombe sur le court de tennis et son filet en loques, Ned, toujours en maillot de bains, tremblant de froid, se recroqueville sous le porche de la maison, image de la nudité absolue.

Solitude de l'âme et joie collective

Si je me suis permis de raconter un peu en détail le film précédent, c'est parce que je suppose que peu de gens l'ont vu, mais surtout parce qu'il représente, par sa radicale désillusion individuelle et sociale, le contrepoint désespéré et désespérant du modèle faussement aristocratique de la « société de consommation » de l'après guerre, avec son enrichissement domestique et ses moyens matériels du bonheur, dont la piscine est le symbole : on pense ici, sur un mode un peu plus comique, à cette femme du film de Jacques Tati, *Mon oncle*[1], qui n'actionne la fontaine de sa maison ultra-mécanisée que pour l'arrivée des visiteurs importants ! A cela s'ajoute une promotion de la libération des mœurs qui se fait dans le film au détriment des plus faibles (les enfants, les femmes sincères et les déchus), et sur un fond d'égoïsme aveugle dont les dégâts dans les relations amoureuses et humaines sont passées aux pertes et profits de la gloire aristocratique, à laquelle aurait droit n'importe quel membre des classes aisées et éduquées. Le héros lui-même, avec sa belle gueule et son angélisme indécrottable, est, sans le vouloir, le représentant caricatural d'un monde auquel il appartient essentiellement, alors qu'il se croit différent de lui – ce qui est le sort de toute la critique « bobo » des sociétés libérales. On achoppe

1. *Mon oncle*, Jacques Tati, France, 1958.

ici sur un cercle dont on ne sortirait qu'en bousculant les frontières, à condition cependant de les apercevoir, ce qui ne va pas de soi : s'agit-il du libéralisme pratique dans son ensemble ou des choix individuels dans la façon d'en appréhender les promesses ?

The Swimmer est en fait une sorte d'anti-modèle du film de Frank Capra, *It's a wonderful life* [1] (*La vie est belle*), sorti 20 ans auparavant, juste après la guerre. C'était sans doute un moment où l'espérance démocratique (à la mode du capitalisme américain) pouvait encore ne pas avoir de goût amer, lorsqu'il s'agissait simplement pour les citoyens de bonne volonté de saisir la chance donnée à chacun d'assurer ses devoirs de consommateur et de membre de la communauté politique, tout en contribuant « selon ses capacités » au développement économique global. En l'occurrence le devoir du héros, George Bailey (alias de James Stewart), était simplement de perpétuer une entreprise familiale de prêt à but non lucratif s'adressant à tous ceux, particuliers ou entrepreneurs, qui ont besoin d'un peu d'argent pour tenter leur chance – le sens de la « chance » américaine n'étant rien d'autre que l'accès possible de chacun à la belle vie, pour peu qu'il travaille dur et s'en donne la peine. Le contraste entre ces deux films pourrait illustrer la façon dont, en l'espace d'une génération, nous avons perdu espoir ou, plus exactement, confiance dans les promesses de belle vie associées aux sociétés libérales (sans forcément perdre le goût de leurs bienfaits). Le héros de Frank Capra a lui aussi perdu espoir lorsqu'il est acculé à la faillite à la suite d'une innocente bévue de son vieil ami et collaborateur, et des manœuvres frauduleuses de son concurrent et ennemi juré. Seulement, dans son cas, un ange veille encore sur lui. C'est d'ailleurs ce thème du découragement surmonté qui s'annonce dès le début du film lorsque les grandes et les petites étoiles se rencontrent dans le ciel pour organiser une mission de sauvetage.

On se rappelle probablement le scénario final de ce grand classique : au moment où George Bailey, désespéré, s'apprête à se jeter dans l'eau noire d'un canal (et non d'une piscine), il est devancé

---

1. *It's a wonderful life*, Frank Capra, USA, 1946.

par l'ange travesti en humain, ce qui suffit à changer la résolution du héros qui se jette instantanément à l'eau, non plus pour se suicider, mais pour sauver l'homme en détresse. Revenu sur la terre ferme, il exprime à l'ange son souhait de n'avoir jamais existé pour ne plus avoir à subir les maux dont il est accablé. Celui-ci le prend aux mots en exauçant immédiatement son vœu, dont l'effet est de le rayer complètement de la mémoire du monde et de la ville. Errant alors incognito dans les rues, Bayley peut constater que le monde a très bien su se passer de sa présence, comme il se passe de la présence de n'importe qui, mais pas forcément pour le meilleur. Le héros découvre en effet que ses parents ne se sont pas consolés de la perte de leur fils unique, son frère qu'il avait pourtant sauvé de la noyade dans son passé antérieur ; que le pharmacien a plongé dans l'alcool à la suite d'une erreur fatale de prescription, erreur qu'il avait pourtant réussi à empêcher dans sa vie précédente ; et surtout que son épouse, sa chère femme si belle, si gaie et si ouverte avec laquelle il a eu quatre enfants, s'est définitivement refermée, emmurée dans la sécheresse et la tristesse du célibat. L'ayant croisée dans la rue sans qu'elle le reconnaisse, suprême injure de l'amour, Bayley n'a alors de cesse d'obtenir de l'ange sa réintégration dans le vrai monde, celui dans lequel il va devoir faire face aux poursuites engagées contre lui. Ce vœu sera donc à nouveau exaucé, avec ses conséquences. Sauf qu'au moment où Bayley, en pleine euphorie, se précipite vers sa famille et, par la même occasion, dans les bras des policiers venus l'arrêter, tous ses vieux amis, tous les gens à qui il a rendu service, viennent apporter leur obole pour rembourser sa dette et le sauver de la faillite. Tous ceux qu'il a aidés sont là, dans une cohue fraternelle indescriptible, dont émerge le visage radieux du héros, un James Stewart dont la face hilare et tellement familière est à peine reconnaissable, comme s'il s'agissait non plus de l'icône hollywoodienne, mais d'un ami qui rit de bon cœur de la bonne blague qu'on vient de lui raconter.

Lorsqu'on rapproche les deux films, la leçon de morale démocratique paraît assez claire. Là où le Swimmer se retrouvait tout seul, lâché par celles qui l'ont aimé et ceux-là mêmes qui ont encore pitié de lui, le héros de Franck Capra jubile et croule sous l'assaut des amitiés de cette communauté dont il est une part intégrante. Il a su en effet faire quelque chose pour elle, et non pas seulement pour lui, contrairement au Swimmer dont la grandeur et la noblesse intime se révèlent en définitive un simple égoïsme. L'individualisme du Swimmer n'était certainement pas sans âme, mais cette âme n'était pas destinée à durer dans les affections de la communauté, tout simplement parce qu'elle lui était indifférente. Et ne pouvant durer dans la communauté, son âme, la belle âme du Swimmer, avait peu de chance de durer à ses propres yeux, comme si la joie du monde à vous accueillir était la condition de votre propre joie.

Au-delà de l'apologue solidariste (vs individualisme), c'est l'articulation, *par la joie ou la tristesse*, de l'intime et du social qui constitue l'enseignement principal des deux films, leur réussite commune étant d'avoir su disséquer, en termes de joie et de douleur, la répercussion intérieure des jugements d'autrui. La reconnaissance d'autrui, au sens de la joie spontanée qu'il a à vous accueillir, (et non pas dans un sens cognitif ou laudatif), c'est-à-dire au fond la gratitude, importe surtout par la garantie qu'elle donne sur la valeur de ce qu'on a soi-même donné. Le Bayley de Capra ne cherche pas une reconnaissance en forme de notoriété ou d'applaudissement, c'est-à-dire une gloire extérieure : du point de vue du monde, il veut seulement faire son devoir et s'en sortir suffisamment sur le plan matériel (pour pouvoir un jour, suivant un détail récurrent du film, changer la boule de la rampe d'escalier qui ne tient plus sur sa base…) Mais il maximise sa joie intime lorsque, par-dessus le marché, les membres de la communauté lui manifestent leur joie, leur gratitude et leur affection. Tout le monde sait que la société est parfois suffisamment injuste pour que cette joie d'autrui envers soi-même ne soit pas forcément au rendez-vous, même quand on se montre beaucoup plus généreux que le Swimmer. Néanmoins, le film de Capra nous la recommande clairement comme une valeur cardinale.

La démocratie, ou la belle vie pour tous

Le sens du modèle s'éclaire encore davantage si on le rapproche de certaines façons micro-militantes de faire face au découragement, non pas en se faisant aider par des anges, ni même par toute une communauté reconnaissante, comme le héros de Frank Capra, mais en concrétisant individuellement l'idée démocratique de la belle vie pour tous en essayant d'en partager les promesses avec ceux qui en sont exclus, y compris s'il faut transgresser la loi. Pour plonger encore une fois dans l'eau d'une piscine, on pourrait citer par exemple le film *Welcome*[1] qui met en scène un autre maître-nageur, enseignant cette fois les bases de la natation à un jeune migrant qui veut traverser le chenal, mais qui malheureusement ne parviendra jamais à jouir de la belle vie sur la terre anglaise promise, libérale et capitaliste.

Ce havre auquel un autre migrant, lui, arrivera sans aucun doute, dans ce film essentiel de Kaurismäki qui s'appelle justement *Le Havre*[2]. Le génie de Kaurismäki, particulièrement dans cette œuvre, réside dans une double réinvention : celle du conte de fée en décors réalistes et celle du mélodrame absolu, ou si l'on veut du cliché, traité en mode distancié. Le résultat le plus clair est une adhésion renouvelée à la structure du conte et du mélodrame, comme si on y était sensible pour la première fois, sans la réserve désublimante du mille fois déjà-vu ou déjà entendu. Dans le contexte contemporain de la répression des migrants, mais sous le décor désuet d'une ville du Havre qui ferait plutôt penser aux années 50, le film met en scène un cireur de chaussures assez improbable (André Wilms), façon prolo et vieille France à la fois, s'exprimant dans un français soutenu, qui tombe un jour sur un garçon africain dissimulé derrière un quai pour échapper aux policiers qui le cherchent. Marcel Marx, le bien-nommé, décide alors de cacher le garçon dans sa maison (que son épouse Arletty vient juste de quitter pour aller se faire soigner à l'hôpital), avant d'essayer de le faire embarquer sur un chalutier

---

1. *Welcome*, Philippe Lioret, France, 2009.
2. *Le Havre*, Aki Kaurismäki, Finlande, France, 2011.

pour gagner l'Angleterre. Pour mener à bien son projet, il lui faudra réunir des fonds en organisant un concert avec un vieux rocker de Province – aussi invraisemblable que le cireur de chaussures, quoiqu'étant lui-même vrai chanteur dans la vie réelle –, qui va commencer par refuser de chanter tant que sa « Mimi » ne sera pas de retour. Ce à quoi Marcel Marx s'emploiera à remédier, avec tout le décorum et les effets de caméra, style cinéma des années 30, inhérents à ce genre de coup de théâtre. Le cinéma de Kaurismäki a en effet cette particularité de réaliser nos rêves de justice et de belle vie les plus fous, comme par exemple dans *Juha*[1], ce film muet tourné en noir et blanc où l'on voit un paysan dont la femme a été séduite et enlevée par un proxénète, prendre un jour sa hache pour aller lui-même la récupérer dans le bordel où elle a été placée !

Il en va de même dans *Le Havre*. Lorsqu'on se laisse prendre au sortilège du mélodrame ressuscité (ce qui fut le cas de la plupart des critiques, mais pas de tous[2]), *Le Havre* devient presque insoutenable sur le plan émotionnel par la façon dont il confirme ensemble, sous l'apparence de la réalité, nos idéaux de justice et de belle vie. Les personnages du film se comportent en effet comme on aimerait que n'importe qui se comporte dans des circonstances semblables, du moins lorsqu'on adhère aux valeurs démocratiques universellement enseignées. Passons sur les méchants : les agents de police et le malheureux Jean-Pierre Léaud déguisé en milicien français de la seconde guerre mondiale, qui joue son rôle de délateur avec une drolatique conviction. Passons aussi sur l'happy end qui nous montre une épouse miraculeusement guérie de sa maladie mortelle pour venir continuer sa belle vie modeste auprès de Marcel. Mais ce sont surtout les gens ordinaires qui nous épatent par la façon dont ils se montrent à la hauteur des réactions humaines attendues de chacun dans ce genre de situation : l'épicier qui offre un cageot de provisions en apprenant que Marcel a de la visite, la voisine qui le relaie dans l'hébergement clandestin du jeune garçon, les vieux types boucanés du café qui font le vide autour des descentes de

1. *Juha*, Aki Kaurismäki, Finlande, 1999.
2. Voir Jean-Philippe Tessé dans *Les cahiers du cinéma*.

police, le collègue cireur qui offre son aide, le jeune garçon lui-même qui donne un coup de main dans la maison…, et surtout ce commissaire (Jean-Pierre Darroussin) qui vient promener sa triste silhouette, antipathique et impopulaire, autour du lieu du délit mais qui, chaque fois qu'il faut choisir une direction, prend celle de la générosité. Il préfère en effet se faire tancer pour inefficacité par ses supérieurs plutôt que permettre l'arrestation du garçon : « Personnellement, je n'aime pas les gens, dit-il, … mais je n'aime pas que les innocents souffrent ».

Ce que l'on adore ici est que chacun soit dans son rôle, mais que ce rôle soit compatible avec des sentiments humains élémentaires auxquels nous sommes d'autant plus attachés que nous savons qu'ils sont le plus souvent inefficients face à l'accomplissement de l'injustice. Le cinéma progressiste américain était déjà réputé pour avoir mis en scène quelques contre-exemples retentissants à ce triste constat, comme par exemple dans *Le verdict*, de Sydney Lumet[1], lorsqu'un juré populaire prend, contre toute attente, le parti de la justice des victimes et des petits contre l'injustice des puissants, y compris contre le juge qui a conduit avec partialité le procès de médecins coupables de négligence. Mais les films américains avaient quand même tendance à faire des leçons de morale, même si c'était pour la bonne cause. Au contraire, faire une leçon de morale démocratique sans jamais donner l'impression désagréable qu'on en fait une, est le prodige que le cinéma de Kaurismäki accomplit dans *Le Havre*, et dont il convient de comprendre le modus expressif : styliser les situations et les rôles pour aller au-delà de tout ce qu'on a dit vainement, de tout ce qu'on croyait savoir par cœur, pour le dire et y croire encore d'une façon qui ne soit pas vaine. La stylisation filmée étant peut-être le seul moyen de ne pas paraître ridicule ou, pire, assommant, dans la restauration d'un idéalisme moral qui ne peut être que maximal : nous voudrions tout, mais tout pour tous, aussi.

---

1. *Le verdict*, Sydney Lumet, USA, 1982.

CHAPITRE III

« LES SENTIERS DE LA GLOIRE »[1]

Longtemps réputé inactuel ou dépassé, le sentiment de la gloire reste au contraire au centre des velléités contemporaines de belle vie. C'est donc pour mieux comprendre les ressorts intimes de cette incidence, que je voudrais maintenant présenter une sorte de généalogie stylisée du sentiment de la gloire, depuis le modèle homérique du héros guerrier jusqu'à la représentation au cinéma des prédateurs du capitalisme financier, en passant par la chevalerie médiévale vue sous le regard des historiens. Quelles que soient ses formes extérieures de déclenchement et de manifestation, le sentiment de la gloire participe en effet à l'auto-sublimation inhérente au sens de la belle vie, en jetant de l'intérieur une lumière esthétique sur l'activité des sujets qui s'en trouve grandie ou anoblie. Mais quoique n'étant pas lui-même antinomique du sens moral, il n'a pas forcément les prolongements éthiques que nous venons d'applaudir chez les personnages de Capra et Kaurismäki.

Le sentiment intime de la gloire

Le film de Stanley Kubrick, dont ce chapitre reprend le titre, décline de façon virtuose les différentes figures de la gloire, publiques mais aussi intimes. Il constitue d'abord une critique radicale de la conception la plus extérieure et la plus hypocrite, celle de généraux qui sont prêts à sacrifier des milliers d'hommes pour accrocher une étoile supplémentaire à leur képi. A l'opposé, les hommes du rang qui sont accusés injustement de lâcheté et fusillés par leurs camarades, alors qu'ils n'ont pas failli à leurs devoirs de soldats, semblent privés de la gloire publique à laquelle ils auraient pourtant droit pour avoir accompli humblement et sans contrepartie les

1. Titre du film cité de Stanley Kubrick.

obligations imposées aux gens du peuple. De son côté, le colonel qui prend leur défense (Kirk Douglas) et rejette avec mépris l'offre de promotion d'un général, illustre une gloire purement intérieure, celle du respect en toute occasion des devoirs humains élémentaires. La fin du film offre enfin une vision de ce que pourrait être la vraie gloire : celle d'entraîner autrui dans la beauté de sa propre vérité, lorsque, dans un tripot, des soldats cessent leur rire et se mettent à chanter à l'unisson d'une femme allemande prisonnière et humiliée, qui entonne, dans sa langue, une chanson traditionnelle [1].

Toutefois, dans le film de Kubrick, comme dans ceux que j'aborderai plus loin mettant en scène les déchaînements du capitalisme financier, seuls les cyniques sont joyeux. Ceux qui font simplement leur devoir n'ont aucune joie à l'accomplir car ils sont écrasés par la machine militaire et par l'hypocrisie des officiers supérieurs – à l'exception peut-être du colonel, s'il est un sujet kantien capable de ressentir les joies de l'accomplissement du devoir. Les hommes de troupe conduits à l'abattoir dans l'anonymat ont, eux, peu de chance de jouir d'une gloire ignorée de la masse des camarades qui pourraient les applaudir, ou de la postérité qui leur rendrait les « honneurs militaires » et inscrirait leur nom sur des monuments aux morts. Ce sont des hommes réellement « nobles et splendides », mais pas des hommes heureux, plutôt des hommes dégoûtés et désespérés par cette double privation : de la vie et de la gloire qu'ils mériteraient. Il serait difficile, dans leur cas, et même dans celui du colonel, de parler de belle vie, du moins au sens où on l'entend habituellement lorsqu'on l'associe aux jouissances et aux heureuses surprises de l'existence.

Comparés à ces hommes, les héros de Capra et Kaurismäki sont des personnages tout aussi glorieux, mais également joyeux. Ils sont glorieux parce que nous les voyons dans la lumière du cinéma et que nous les applaudissons sans réserve pour la façon dont ils ont su faire face à l'injustice. Mais ils le sont également parce qu'ils

---

1. *Der Treue Husar*, reprise plus tard en français par Francis Lemarque, sous le titre de *Marjolaine*.

figurent pour nous des sujets réels à qui pourrait s'appliquer la définition spinoziste de la gloire comme « une joie qu'accompagne l'idée d'une certaine action nôtre, dont nous imaginons que d'autres la louent[1] ». C'est en effet dans leur for intérieur que nous, spectateurs qui les applaudissons, les supposons glorieux et heureux, pleins de ce contentement particulier qui fait de la gloire, comme dit Pierre Macherey, l'une « des émotions qui nous sont les plus personnelles, les plus intimes[2] ».

George Bayley et Marcel Marx sont du reste glorieux de façon différente : Bayley dans la chaleureuse ovation d'une large communauté et d'une famille qui lui manifestent leur reconnaissance et leur amour ; Marx dans le cercle plus restreint d'un couple miraculeusement reformé et de quelques liens de quartier qu'on peut imaginer renforcés par ce qui vient de se passer. Mais pour ce genre de sentiment de la gloire, dont Pierre Macherey dit encore, avec bonheur, que « c'est, sur le fond, être l'ami de soi-même[3] », le nombre des applaudissements n'est pas ce qui importe. Ce qui est montré dans les deux cas, c'est un sens intime de la gloire qui fait des applaudissements d'autrui une conséquence naturelle du contentement de soi que ressent le sujet glorieux, comme si se logeait dans le sentiment de soi-même la présence d'un spectateur esthète idéal, amateur de cinéma et de belles choses, qui admire et se réjouit forcément de ce qui est digne d'admiration, et seulement de cela.

L'enchantement vient ici d'une sorte d'accord parfait avec le monde ou, suivant les termes de Leibniz lorsqu'il définissait la gloire, d'une « connaissance de ses propres perfections » qui précède mais aussi facilite le partage avec le reste des hommes, à l'instar de Dieu qui possède toujours la connaissance de ses propres perfections mais n'acquiert la gloire « que quand il se fait connaître à des Créatures

---

1. Spinoza, *Ethique*, p. 3, déf. affects 30, *op. cit.*, p. 337.
2. P. Macherey, *Le couple catégoriel gloria / pudor (gloire/honte) chez Descartes et Spinoza*, texte en ligne sur http : //stl.recherche.univ-lille3.fr/sitespersonnels/macherey/Machereygloria.html
3. *Ibid.*

intelligentes [1] ». Ce sens intime de la gloire, « coïncidence absolue à soi et aux autres [2] », rapatrie la béatitude divine dans l'expérience séculière et se révèle ainsi profondément moderne, au sens de la modernité des Lumières, non parce qu'il serait désintéressé ou indifférent aux récompenses du monde – au contraire l'attente des louanges va de soi, même si les louanges ne sont pas au rendez-vous –, mais parce qu'il suppose un goût humain idéal et souverain capable de reconnaître tout ce qui est intrinsèquement beau et digne d'éloge.

Le sens de la belle mort

Contrairement à la gloire du sujet héroïque moderne qui fait son job parce que sa conscience l'y incite, advienne que pourra, la gloire des Anciens, celle des héros Grecs en particulier, n'avait rien de vraiment intime ou privé puisque, comme le rappelle Jean-Pierre Vernant, « dans une culture comme celle de la Grèce archaïque, où chacun existe en fonction d'autrui…, la vraie mort est l'oubli, le silence, l'obscure indignité, l'absence de renom. Exister, au contraire, c'est – qu'on soit vivant ou qu'on soit mort – se trouver reconnu, estimé, honoré ; c'est surtout être glorifié : faire l'objet d'une parole de louange, d'un récit qui relate… un destin admiré de tous [3] ». De là découle le dilemme fondamental exprimé par Achille dans un passage de l'*Iliade* : « Par deux chemins distincts je puis être conduit au terme de mes jours. Si je reste à combattre autour de Troie, ici, c'en est fait du retour mais je gagne à combattre une gloire immortelle ; si je rentre au contraire dans ma chère patrie, c'en est fait de la gloire mais j'aurai longue vie, et la mort ne saurait m'atteindre de longtemps [4]. »

---

1. Leibniz, *Essais de théodicée sur la bonté de Dieu, la liberté de l'homme et l'origine du mal*, Éditions Amsterdam, 1734, en ligne sur BnF Gallica, 2-109.
2. P. Macherey, *Le couple catégoriel gloria / pudor*.
3. P. Vernant, *L'individu, la mort, l'amour, op. cit.*, p. 53.
4. Homère, *Iliade* IX, 380-419, trad. fr. R. Flacelière, « Bibliothèque de la Pléiade », Paris, Gallimard, 1955, p. 243.

Toutefois, pour le véritable héros, cette alternative en est à peine une puisque la longue vie n'est qu'une manière de retarder l'échéance, la mort étant de toute façon inéluctable. C'est pourquoi l'enjeu de la gloire posthume peut apparaître comme le seul vrai moyen de conférer sa beauté à la vie, même si sa condition est celle d'une mort à brève échéance, comme le souligne par exemple ce raisonnement du poète Pindare, cité par J.-P. Vernant : « Puisqu'il faut mourir, pourquoi s'asseoir dans l'ombre et consommer en vain une vieillesse ignorée, loin de toute beauté[1] ? » Ce n'est pourtant pas la mort, qualifiée dans le texte d'Homère de « noire », « sombre », « dure », « accablante », « fatale », « triste », « affreuse », « lamentable », « mauvaise », « lugubre »...[2], qui serait rendue belle par l'exploit guerrier : elle est en effet toujours horrible, quelle que soit la gloire. Mais c'est plutôt la vie qu'on aura vécue avant et pendant le moment de la mort, à condition toutefois que cette mort soit glorieuse – beauté dont jouiront aussi ceux qui garderont le souvenir de l'exploit, davantage même que le héros lui-même.

Si on cherche à expliquer cette esthétisation de la vie par la belle mort, il est difficile de ne pas penser à une fonction sociale de la gloire au combat dans des sociétés guerrières, dont la survie dépend de l'issue des batailles perpétuelles avec leurs voisins. On pourrait aussi envisager une fonction évolutionnaire, non par la descendance directe des héros, dont la mort est souvent trop précoce pour en laisser une, mais par celle de leur parentèle[3], les princes étant généralement apparentés entre eux, et surtout par la descendance du groupe lui-même grâce à l'altruisme réciproque[4] qui favorise la survie du collectif au travers de la mort de quelques individus. Indépendamment des gènes, la gloire militaire pourrait surtout être un moyen de sélection et de transmission des praxèmes du

---

1. « *Olympiques* », 1, 81 *sq.*, dans P. Vernant, *L'individu, la mort, l'amour, op. cit.*, p. 52.
2. Recherche menée à partir de la trad. fr. Leconte de Lisle, Paris, Gallica, 1867.
3. Voir W. D. Hamilton, « The Genetical Evolution of Social Behaviour I, II », *Journal of Theoretical Biology*, 7, 1-54, 1964.
4. Voir R. Trivers, *Social Evolution*, Benjamin/Cummings, Menlo Park, 1985.

comportement guerrier indispensables à la survie du groupe – un praxème étant un élément de comportement susceptible de se transmettre, comme un gène ou un « meme [1] », de génération en génération, en évoluant suivant les contraintes de l'environnement. Le récit et le rappel de ces praxèmes dans la mythologie et l'expression artistique (Achille lui-même ne passe-t-il pas son temps libre à chanter les exploits des anciens guerriers [2] ?) permettent de réalimenter sans cesse la bravoure au combat des jeunes générations. Toutefois, d'un point de vue individuel, la seule promesse d'une longue mémoire à venir, lourdement rappelée par des péplums récents sur la guerre de Troie [3], peut apparaître comme une garantie insuffisante de la gloire, entre autres parce que cette promesse est susceptible d'être démentie par les conditions réelles de la mort, du fait du guerrier s'il ne se montrait pas à la hauteur, mais aussi de l'ennemi qui pourrait en fin de compte le priver de sa gloire.

Car la gloire des héros Grecs n'avait rien non plus d'éclairé au sens des Lumières, puisqu'elle ne concernait pas la conviction rationnelle ou le sentiment intime du mérite, mais seulement les manifestations effectives d'admiration pour les faits d'armes éclatants, ou de dégoût pour les faits d'humiliation publique. Le mérite ne pouvait donc être disjoint du résultat, comme on le voit par exemple dans l'écroulement du prestige d'Hector, qui n'a pourtant jamais démérité, sous les coups et les affronts d'Achille sur son corps – seule la remise de sa dépouille aux Troyens permettant de sauver ce qui peut encore l'être de son honneur et de sa gloire grâce à des funérailles dignes de lui. Cette remise ne va d'ailleurs pas de soi, s'agissant du personnage d'Achille dont Homère dit qu'il est « loin d'avoir le cœur bon, l'âme douce » lorsque, « bouillant de colère », il achève un ennemi suppliant [4], ou dont le dieu Apollon note avec accablement qu'il « n'a ni pitié ni respect », voyant que « non satisfait d'avoir ôté la vie au divin preux Hector, il l'attache

---

1. Voir R. Dawkins, *Le gène égoïste*, trad. fr. L. Ovion, Paris, A. Ovion, 1990.
2. Homère, *Iliade* IX, 185-221, *op. cit.*, p. 238.
3. Voir par exemple *Troy*, de Wolfgang Petersen, USA, 2010.
4. *Iliade* XX, 432-470, p. 453.

à son char pour le traîner autour du tombeau de Patrocle. Il n'y gagne pourtant rien de beau ni de bon[1]. » Hector lui-même sait bien qu'il n'a a attendre d'Achille « ni pitié ni respect[2] » au moment où, pris d'une faiblesse passagère, il envisage un compromis avec les Argiens.

Le complexe d'Achille

Chez Achille, « l'impatience de conquérir la gloire » est en fait une « rage brutale[3] » qui emporte tout sur son passage, par exemple pour priver l'adversaire de cette « gloire infinie[4] » qu'ils auraient eux-mêmes en emportant le cadavre de son écuyer Patrocle – gloire infinie qui est simplement celle d'avoir infiniment humilié son ennemi. Tout se passe ici comme si le cadavre du héros devenait une monnaie d'échange pour la gloire dans une sorte de jeu à somme nulle dont la fin est de gagner toute la mise en emportant le corps, ou de la perdre au contraire entièrement en laissant le corps à l'ennemi. C'est du reste cette rage meurtrière, plus encore que la honte que lui représente la déesse Iris s'il laissait son ami « entrer chez les morts outragé, mutilé[5] », qui le décide à se montrer aux Troyens dans toute sa splendeur guerrière, les faisant suffisamment reculer pour permettre aux Grecs de récupérer le corps de Patrocle. Telle est la gloire d'Achille, terrible et irrésistible, lorsqu'il « passe le mur et s'arrête au fossé[6] », restant là debout en vociférant, effrayant les Troyens sans même avoir besoin d'entrer dans la mêlée. On peut supposer qu'à ce moment sa jouissance est extrême, et que cette jouissance est le véritable vecteur individuel de sa recherche de la gloire.

A cette minute-là, Achille se tient peut-être à lui-même le même genre de petit discours que Tommy Shelby, chef d'un gang

1. *Iliade* XXIV, 28-62, p. 514.
2. *Iliade* XXII, 101-138, p. 476.
3. *Iliade* XXI, 533-568, p. 470.
4. *Iliade* XVIII, 138-171, p. 415.
5. *Iliade* XVIII, 172-206, p. 416.
6. *Iliade* XVIII, 207-242, p. 417.

de bookmakers dans la série britannique *Peaky Blinders*[1], juste avant l'arrivé du gang adverse pour la bataille qui doit décider de la suprématie sur les champs de course : « Qu'est-ce qui vous intéresse, Tommy ? lui demande le barman – L'instant présent. La minute du soldat au combat. Il n'y a rien d'autre. Une minute et une seule pour tout à la fois. Tout ce qui vient avant n'est rien. Tout ce qui arrive après n'est rien. Rien en comparaison de cette minute-là. » Le décor de la série est un faubourg déshérité de Birmingham, juste après la Première Guerre mondiale, à laquelle la plupart des hommes du quartier ont, comme ceux des *Sentiers de la gloire*, intensément participé, et en particulier le chef des *Peaky Blinders* qui fut à la fois traumatisé et transformé par les années passées dans les tranchées. « Vous n'avez pas passé assez de temps là-bas ? lui demande encore le barman – Il faut croire que non. » De même, il faut croire qu'Achille ne se lasse jamais du plaisir de la bataille.

Quoiqu'il en soit, le complexe d'Achille qui émerge de ce vacarme guerrier est en fin de compte celui d'une valorisation paradoxale de l'exploit meurtrier : tuer pour l'exaltation présente et, en ce qui concerne les héros Grecs, pour la gloire posthume, quitte à être soi-même tué et éventuellement déshonoré par les conditions de sa mort. Le paradoxe est que l'exploit guerrier n'a même pas, comme chez les croyants ultérieurs : chevaliers médiévaux ou combattants de guerres religieuses, l'espérance d'une vie éternelle pour justifier le don éventuel de sa propre vie. Et la cruauté dans l'élimination des ennemis ne dépend même pas de leur méchanceté supposée, mais apparaît plutôt comme un goût meurtrier intrinsèque, ayant de surcroît une finalité rationnelle de sidération de l'ennemi par la terreur. On retrouve aujourd'hui une forme de ce complexe d'Achille – avec en plus la promesse de la vie éternelle dans l'au-delà, et non pas seulement dans la mémoire – dans le comportement meurtrier des milices islamistes et autres milices de guerre civile, voire même dans les habillages mythologiques des gangs mexicains

---

1. *Peaky Blinders*, Steven Knight, Grande-Bretagne, série télévisée, BBC, 2013, saison 1, épisode 6.

de narcotrafiquants qui, tout en se donnant des allures de chevaliers servants[1], imposent d'autant mieux leur leadership sur les autres factions qu'ils font preuve de plus de brutalité et de cruauté dans la conduite de la guerre.

Le lecteur d'Homère en vient presque à s'étonner de la magnanimité d'Achille qui, en d'autres circonstances (mais, à vrai dire, à l'instigation des dieux), parvient à surmonter son irritation pour accéder à la supplique de Priam de rendre le corps d'Hector, lorsque le vieux roi « pitoyable » venu « porter à ses lèvres la main du meurtrier de ses enfants » évoque le souvenir de son propre père[2]. Priam et Achille sanglotent alors de concert, l'un songeant à son fils, l'autre « songeant à son père et parfois à Patrocle[3] ». Sans doute Achille a-t-il des sentiments humains dont un autre témoignage fameux est la raison qu'il donne de sa colère contre Agamemnon au début de l'*Iliade* : « Celle-là, dit-il à propos de Briséis [que le roi des Grecs lui a ravie], n'était rien qu'une pauvre captive, et pourtant c'est du fond du cœur que je l'aimais[4] ». Mais ces sentiments humains, en l'occurrence la pitié et l'amour érotique, ne font pas encore partie de la gloire des Anciens, comme ce sera le cas dans la modernité libérale lorsque le goût immodéré des récompenses, y compris celles de la gloire, que tous les hommes ont en partage, se mélangera de façon plus ou moins harmonieuse avec la culture des droits et des liens humains fondamentaux.

Quand on lit les descriptions homériques de la guerre de Troie : le soleil illuminant les armures, le cliquetis des bronzes qui s'entrechoquent, le métal qui tranche et pénètre les chairs, la poussière qui se soulève quand les corps lourdement s'effondrent, on ne s'étonnera pas que les producteurs et réalisateurs d'Hollywood aient adoré mettre en scène cette splendeur destructrice dans des péplums somptueux (et souvent médiocres d'un point de vue cinéphilique) exhibant les panaches flottant au vent sur des casques de guerriers

---

1. Voir par exemple *Miss Bala*, Gerardo Naranjo, Mexique, 2011.
2. *Iliade* XXIV, 472-509, p. 526.
3. *Iliade* XXIV, 510-547, p. 527.
4. *Iliade* IX, 341-379, p. 242.

qui chevauchent ardemment devant les murs de la cité légendaire[1]. C'est néanmoins plutôt dans d'autres films, qui ne portent pas directement sur la guerre de Troie, comme par exemple *Gladiator*[2], et surtout dans des séries télévisées plus récentes comme *Game of Thrones*[3], qui met en scène des mythologies syncrétiques inventées de toutes pièces, qu'a pu être vraiment égalée dans l'esprit comme dans la mise en scène la crudité des scènes de bataille homériques, par exemple celle-ci, parmi beaucoup d'autres : « Patrocle met le pied sur le torse du preux et retire sa pique avec laquelle vient la membrane du cœur : il ramène à la fois la lame de sa lance et l'âme du héros[4] ». On voit effectivement ce genre de choses dans *Game of Thrones*, en plus des têtes coupées plantées sur des piques – dont le spectacle terrorisant est exploité encore aujourd'hui par les combattants islamistes.

La violence guerrière montrée au cinéma apparait en fin de compte comme un refuge imaginaire pour l'expression de cette gloire des Anciens, inhumaine et brutale, qui s'accommode si mal de la gloire des Modernes, toute en nuances d'humanité et de retenue – du moins en principe –, mais dont l'inspiration reste vivace chez les humains contemporains, parce qu'elle est source de terreur pour l'adversaire et source de jouissance par cette terreur qu'on inflige à ses ennemis. C'est là une des voies possibles, quoique tout à fait consternante, de la belle vie.

La stratégie d'Ulysse

Dans le récit d'Homère, la stratégie d'Ulysse paraît beaucoup moins obsédée que celle d'Achille par l'espoir d'une gloire future, bien qu'en définitive la sienne n'ait pas été moins grande. Cette

---

1. Voir par exemple *Hélène de Troie* de Robert Wise et Raoul Walsch, Italie, 1956 ; *La Colère d'Achille* de Marino Girolami, Italie, 1962 ; *Hélène de Troie* de John Kent Harrison, film TV, USA, 2003, ou *Troy*, Wolfgang Petersen, USA, 2010.

2. *Gladiator*, Ridley Scott, USA, 2000.

3. *Game of thrones*, David Benioff and Daniel B. Weiss, HBO, USA, depuis 2011.

4. *Iliade* XVI, 487-526, p. 378.

stratégie pourrait en revanche préfigurer une voie de belle vie proche de celle des Modernes, qui rapatrie dans l'expérience intime d'une vie destinée à durer, le sentiment du feu sacré qui brûle en chacun et le pousse aux grandes choses. La gloire d'Ulysse est cependant bien différente de la voie douce et paisible des personnages de Capra ou Kaurismäki, et, malgré la faveur dont elle bénéficie aujourd'hui chez les professeurs de lettres (et chez Luc Ferry…), elle n'est rien moins qu'un modèle éthique pour les écoliers. Sa violence calculatrice en ferait plutôt un précurseur des stratégies des maîtres actuels de la finance ou de la politique dont les pratiques impitoyables semblent tout à fait compatibles avec un sens intime de la belle vie.

La gloire d'Ulysse ne tient pas en effet à une cruauté moindre que celle d'Achille, puisque par exemple, à la fin de l'*Odyssée*, on voit le « divin » Ulysse demander à ses gens de ne pas tuer immédiatement Melantheus, afin de lui réserver pour plus tard un traitement spécial : « On lui trancha d'abord, dit le poème, d'un bronze sans pitié, le nez et les oreilles, puis son membre arraché fut jeté, tout sanglant, à disputer aux chiens et, d'un cœur furieux, on lui coupa enfin et les mains et les pieds[1] », tout cela parce que le malheureux chevrier avait gratifié Ulysse d'un coup de talon lors de son arrivée incognito à Ithaque[2]. Aussi impitoyable qu'il fût, Achille ne fit jamais preuve d'autant de cruauté, sans même parler d'une capacité de fourberie bien moindre que celle d'Ulysse, laquelle fit l'admiration d'Homère qui le qualifie d'« avisé », « habile », « sensé », « sage », « rusé compagnon », « aux mille tours »…, et suscita au contraire le dégoût de Virgile qui qualifie plutôt Ulysse de « perfide », « traître », « artisan de crimes », « cruel », etc. L'*Enéide* raconte d'ailleurs une autre de ses méchantes vengeances aux dépens du malheureux Palamède, faussement accusé de trahison par Ulysse et donc lapidé par les siens[3], tout cela parce qu'il avait eu autrefois la mauvaise idée de dénoncer la ruse d'Ulysse se faisant passer pour

---

1. *Obyssée* XXII, 440-479, trad. fr. V. Bérard, « Bibliothèque de la Pléiade », Paris, Gallimard, 1955, p. 851.
2. *Obyssée* VVII, 204-242, p. 782.
3. *Enéide* II, 57-100, trad. fr. M. Lefaure, Paris, p. 84-85.

fou auprès d'Agamemnon afin d'échapper à la conscription dans sa guerre contre Troie.

A vrai dire, la question de la fausseté respective d'Ulysse et d'Achille a été de longue date controversée, puisqu'elle est au centre d'un des premiers dialogues de Platon intitulé *Hippias mineur*[1]. La discussion porte sur la fausseté d'Ulysse qui, selon Hippias, serait plus grande que celle d'Achille, ce à quoi Socrate répond qu'il les juge « l'un et l'autre excellents... tant sous le rapport de la véracité et de la fausseté que dans tout autre genre de mérite[2] », car l'un comme l'autre ne disent le faux qu'à dessein, ce qui est la preuve de leur mérite à tous les deux. Socrate soutient en effet que puisque c'est le même homme qui peut être capable du faux et du vrai, celui qui choisit de dire le faux est certainement supérieur à celui qui le dit sans le vouloir, puisque lui seul est capable du vrai, contrairement à celui qui parle et agit sans réfléchir ! De quoi il conclut, après une série d'exemples-tests, que « ceux dont la faute, en quoi que ce soit, est volontaire sont meilleurs que ceux chez qui elle est involontaire[3] ». Nul n'est méchant volontairement ne signifie donc pas ici qu'on n'est pas vraiment méchant lorsqu'on ne fait pas le mal exprès, mais plutôt qu'on est toujours meilleur lorsqu'on agit volontairement, fût-ce pour faire le mal – conclusion évidente selon l'argument du dialogue, mais tellement choquante que Socrate lui-même a du mal à se l'accorder. Quoiqu'il en soit, en posant ainsi un critère de rationalité pour juger du mérite d'une action, la discussion philosophique a pour effet d'exonérer Ulysse de toute méchanceté puisque les choses fausses et méchantes qu'il peut dire et faire sont une expression de sa capacité à connaître le vrai et le bien, et que cela suffit à assurer la supériorité morale de toutes ses actions. Pour curieux qu'il soit, le raisonnement socratique met en lumière le caractère profondément moderne du personnage d'Ulysse, dont les ruses et les fourberies volontaires ne visent rien d'autre que ce qu'il

1. Voir Platon, « Hippias mineur », *Œuvres complètes*, vol. 1, trad. fr. L. Robin, « Bibliothèque de la Pléiade », Paris, Gallimard, 1950.
2. *Hippias mineur*, 370.
3. *Hippias mineur*, 373.

juge, tout bien considéré, comme son bien, ce qui est exactement le principe de rationalité prôné par les théoriciens du néolibéralisme économique.

Cette rationalité d'Ulysse se manifeste aussi dans le fait que tout en osant risquer sa vie, il ne recherche nullement la mort, qui n'est plus vraiment pour lui la condition de la belle vie, mais il cherche au contraire la vie belle pour elle-même, avec tous ses attraits, jouissances et chances de bonheur. Son histoire, et en particulier celle de son retour victorieux – qui a fait du nom grec du héros : Odysseus, un nom commun pour désigner un long voyage semé d'aventures et de merveilles – offre à Ulysse ce à quoi peut aspirer aujourd'hui tout membre des classes aisées des sociétés libérales, c'est-à-dire, comme je l'indiquais au chapitre précédent, *tout* : amours, à la fois passagères et durables, expériences intenses aux limites de la vie et de la mort, voyages extraordinaires sur les mers et dans des contrées fabuleuses, accumulation de richesses, descendance directe et postérité glorieuse par les multiples récits de ses exploits, et surtout longue vie – du moins selon la prophétie de Tirésias rapportée dans l'*Odyssée*[1].

C'est du reste en voyageant aux enfers à la recherche de Tirésias qu'Ulysse fait la rencontre d'Achille, avec qui il a ce bref échange : « Jadis quand tu vivais, lui dit-il, nous tous, guerriers d'Argos, t'honorions comme un dieu : en ces lieux, aujourd'hui, je te vois, sur les morts, exercer la puissance : pour toi, même la mort, Achille, est sans tristesse... – Oh! ne me farde pas la mort, mon noble Ulysse! répond Achille... J'aimerais mieux, valet de bœufs, vivre en service chez un pauvre fermier, qui n'aurait pas grand-chère, que régner sur ces morts, sur tout ce peuple éteint[2]! » Un vieux péplum italien[3] (avec Kirk Douglas dans le rôle d'Ulysse), un peu meilleur que ceux cités plus haut, donne un caractère particulièrement lugubre à cette scène en faisant apparaître Achille et ses compagnons comme des morts-vivants aux yeux vides et sans éclat, accentuant

1. *Obyssée* XI, 125-163, *op. cit.*, p. 699.
2. *Obyssée* XI, 470-521, p. 708.
3. *Ulysse*, Mario Camerini, Italie, 1954.

ainsi le sens séculier du choix de la longue vie heureuse sur terre plutôt que la mort prématurée en pleine gloire, qui ne donne accès qu'à l'immortalité de la tristesse chez les morts. Le film en profite d'ailleurs pour soumettre au même rejet l'immortalité effective des dieux, que Calypso avait vainement proposée à Ulysse, et celle purement mémorielle des héros morts au combat, montrant ainsi qu'aucun de ces choix ne vaut la vie heureuse avec une épouse sur sa terre retrouvée, ce qui renforce l'image plus conventionnelle de la modernité d'Ulysse, honnête père de famille d'une société bourgeoise à la mode américaine.

Le dépit d'Achille sur son « existence » parmi les morts et le choix d'Ulysse en faveur de la mortalité heureuse (qu'on retrouvera plus tard argumenté chez le philosophe contemporain Bernard Williams[1]), confirment en tout cas l'antipathie profonde du héros grec pour la mort, malgré l'idéal de belle mort relevé par J.-P. Vernant. Il est également tout à fait consonnant avec cette philosophie de la belle vie aristocratique qu'Ulysse expose aux Phéniciens : « Le plus cher objet de mes vœux, je te jure, est cette vie de tout un peuple en bon accord, lorsque, dans les manoirs, on voit en longues files les convives siéger pour écouter l'aède, quand, aux tables, le pain et les viandes abondent et qu'allant au cratère, l'échanson vient offrir et verser dans les coupes. Voilà, selon mon gré, la plus belle des vies[2]. »

J.-P. Vernant fait du reste remarquer qu'il n'y avait « nulle incompatibilité à Sparte entre vie longue et exploit guerrier[3] », pour cette raison que l'exploit guerrier ne reposait plus sur le combat singulier mais sur la capacité de tenir bon, épaule contre épaule, face à l'ennemi, dans le corps collectif de la phalange. Ceux qui avaient la chance de revenir indemnes, avec bien sûr l'honneur de ne pas avoir failli, étaient des héros vivants, valant beaucoup mieux finalement que les héros morts. En revenant chez lui, indemne et

---

1. Voir B. Williams, « Le cas Makropoulos et l'ennui qui s'attache à l'immortalité », *op. cit.*, et *infra*, chap. VI.
2. *Obyssée* IX, 1-29, p. 665.
3. P. Vernant, *L'individu, la mort, l'amour, op. cit.*, p. 64.

couvert de gloire, Ulysse échappe donc au complexe mortifère d'Achille et préfigure aussi le chevalier du Moyen Âge qui, selon Georges Duby, n'accepte de tout risquer que dans l'espoir de revenir un jour riche et triomphant : « [La chevalerie] situe dans la guerre, réelle ou fictive, l'acte central, celui qui fait la saveur de la vie, le jeu où l'on risque tout, l'honneur et l'existence, mais dont les meilleurs reviennent riches, triomphants, parés d'une gloire digne de leurs ancêtres et dont les échos vont retentir d'âge en âge[1] ».

De l'aristocratie d'épée...

Si l'on en croit G. Duby, la belle mort aurait donc cessé, dès le haut Moyen Âge, d'être le couronnement de la belle vie, devenant plutôt un risque à courir pour avoir le plaisir de goûter les plaisirs de la vie. Ce n'est pas en effet que la guerre soit devenue moins présente dans une société infestée de bandes armées prédatrices, qui administrent à leur façon les fiefs des seigneuries locales : « La culture du XIe siècle, précise G. Duby, se fonde presque toute sur le goût de la capture, sur le rapt et sur l'assaut[2] ». Et la chevalerie médiévale cultive encore avec ferveur le « désir passionné d'être prisé par la postérité[3] » ainsi que l'« imitation des héros du cycle d'Arthur ou des héros antiques[4] », faisant de la « bravoure pure et simple » une des valeurs cardinales de sa forme de vie. Néanmoins, la guerre elle-même semble avoir été de plus en plus reconnue comme un des plaisirs de l'existence, davantage qu'une destinée tragique. Le cinéma d'Hollywood s'est du reste délecté de ce désir de vie guerrière que le spectateur moderne partage encore secrètement avec les chevaliers, produisant à partir de là quelques-uns de ses meilleurs péplums, comme par exemple le fameux *Ivanhoe* de Richard Thorpe[5], avec le flamboyant Robert Taylor dans le rôle du

1. G. Duby, *Le temps des cathédrales*, Paris, Gallimard, 1976, p. 56.
2. *Ibid.*, p. 56.
3. J. Huizinga, *Le déclin du Moyen Âge*, trad. fr. J. Bastin, Paris, Payot, 1967, p. 71.
4. *Ibid.*, p. 72.
5. *Ivanhoe*, Richard Thorpe, USA, 1952.

preux sans peur et sans reproche, ou encore la série des films sur Robin des Bois, initiée en 1938 par un film de Michael Curtis autour du non moins flamboyant Errol Flynn [1].

Un autre historien classique, Johan Huizinga, décrit ce goût immodéré pour la guerre qui caractérise la chevalerie médiévale, en citant par exemple Jacques de Lalaing, glorieux chevalier du XVe siècle : « C'est joyeuse chose que la guerre... On s'entraime tant à la guerre. Il vient une douceur au cœur de loyauté et de pitié de voir son ami, qui si vaillamment expose son corps pour faire accomplir le commandement de notre créateur. Et puis on se dispose d'aller mourir ou vivre avec lui, et pour amour ne l'abandonner point [2] ». Ce chevalier-errant, vainqueur lui-même de nombreuses joutes festives organisées dans les cours princières, avant de mourir à la guerre à 32 ans... d'un obus de canon [3], trouve des accents dignes d'un ancien opiomane pour décrire le plaisir du guerrier : « Il est si ravi qu'il ne sait où il est », la joie du combat lui procurant « une délectation telle que, s'il ne l'a essayé, il n'est homme qui sut dire quel bien c'est [4]. »

Cette chevalerie médiévale qui ne craint pas la mort, mais dont l'intrépidité est vécue d'abord comme un plaisir, au même titre que celui de la chasse ou de la courtoisie, semble donc désormais mettre la disposition à vivre sur un plan supérieur à celui de la belle mort. Et le ressort de ce déplacement, qui tranche avec celui de la tragédie grecque, toute entière tournée vers l'accueil héroïque des destinées épouvantables, et qui tranche tout autant avec l'abnégation chrétienne centrée sur l'attente du royaume des cieux, est désormais le goût naturel du bonheur et de la belle vie terrestre, telle qu'il a pu fleurir dans le *Roman de la Rose* de 1275, la poésie de Rutebeuf ou la musique d'Adam de la Halle [5]. Selon G. Duby, le nouvel

1. *Les aventures de Robin des bois*, Michael Curtis, USA, 1938.
2. J. Huizinga, *Le déclin du Moyen Âge*, op. cit., p. 78.
3. D'après Wikipedia.
4. J. Huizinga, *Le déclin du Moyen Âge*, op. cit., p. 78.
5. Voir G. Duby, *Le temps des cathédrales*, op. cit., p. 218.

intellectuel parisien du XIIIe siècle juge le bonheur terrestre tout à fait consonnant avec le message du Christ : « Si l'on reconnaît en effet dans la nature l'instrument de Dieu, le reflet de sa pensée, l'Œuvre de ses mains, comment la juger mauvaise ? (…) A l'homme, poursuit Duby, la jeune école vient de proposer le bonheur. Un bonheur dont il est l'unique artisan, qu'il peut conquérir par son intelligence. Dame Nature, notre maîtresse, promet à ceux qui la servent d'atteindre ici-bas la béatitude parfaite [1]. »

Cette « philosophie du bonheur » se traduit en particulier par un « espoir de beauté charnelle » dans lequel se serait dissout, selon Duby, l'art sacré des cathédrales [2] : « La proposition d'un bonheur matériel… s'adressait surtout à tous les chevaliers amoureux de la vie, à leurs dames, à ceux qui avaient refusé d'accompagner Saint-Louis dans sa dernière croisade… Elle chantait sur un autre ton la joie des poèmes courtois. Elle conviait à ouvrir les yeux sur la beauté des créatures et à s'en réjouir simplement [3] ». J. Huizinga fait la même analyse en montrant comment la chevalerie médiévale, initialement imprégnée d'un esprit chrétien de devoir et d'ascétisme en vue notamment de reconquérir Jérusalem, a su assumer de mieux en mieux son « aspiration vers une vie plus belle [4] » en la matérialisant dans des fêtes, tournois, parures et objets d'art. Cette tendance culminera dans un culte de la femme qui deviendra, chez certaines figures tardives de la chevalerie, comme par exemple le maréchal Boucicaut, un moyen ultime de civilisation et d'apaisement de la fureur guerrière [5]. Il n'y a donc pas lieu de s'étonner que les festivités brillantes et charnelles de la fin du Moyen Âge aient fini par s'accompagner d'un goût nouveau pour la richesse, qui tranche avec l'ascétisme revendiqué par les premiers chevaliers : « Les valeurs de joie de l'éthique profane, l'orgueil d'être riche

---

1. *Ibid.*
2. *Ibid.* p. 219.
3. *Ibid.*, p. 218-219.
4. *Ibid.*, titre du chap. 2.
5. *Ibid.*, p. 76.

qu'elles impliquaient, et qui sous-tendait leur volonté de plaisir, exaltaient donc les bonheurs de la vie, et tout ce que l'homme perd en mourant[1] ». La joie de posséder s'ajoute ainsi aux trois autres joies habituelles de la chevalerie : combattre, chasser et courtiser[2], pour remettre la mort à sa place, celle d'une perte tout simplement irréparable.

Cette description par G. Duby d'une sorte d'embourgeoisement de la chevalerie médiévale préfigure le développement à la Renaissance d'un « sentiment de gloire et d'honneur humains[3] » que Huizinga juge en parfaite continuité avec l'idéal esthétique de la chevalerie médiévale. La Renaissance a sans doute eu des ambitions moins formelles et plus terre-à-terre qui ont pu favoriser le développement de l'individualisme rationnel ; mais, comme le souligne encore Huizinga, elle a conservé de l'idéal chevaleresque ce mélange d'idéalisme esthétique et d'« égoïsme éhonté » qui s'est maintenu jusqu'à la chevalerie de la finance contemporaine. Si l'on voulait cependant appliquer à l'aristocratie d'aujourd'hui certaines remarques de Huizinga, par exemple que « toute la vie aristocratique... est un effort pour représenter le spectacle d'un rêve[4] », il faudrait remplacer le rêve médiéval « du héros et du sage, du chevalier et de la jeune fille, du berger simple et satisfait », par celui du maître de fortunes, amateur dans le meilleur des cas de choses belles et délicates à goûter dans l'intimité de sa vie cachée, à commencer par les femmes chosifiées[5] ou les objets d'art dûment évalués, et dans le pire, de la simple accumulation *ad nauseam* d'argent et de pouvoir pour satisfaire ses goûts les plus rudimentaires.

---

1. G. Duby, *Le temps des cathédrales*, *op. cit.*, p. 299.

2. *Ibid.*, p. 300.

3. Selon l'analyse de J. Burckhardt, *La Civilisation de la Renaissance en Italie*, trad. fr. R. Klein, Paris, Plon, 1958, cité par J. Huizinga, *Le déclin du Moyen Âge*, *op. cit.*, p. 71.

4. J. Huizinga, *Le déclin du Moyen Âge*, *op. cit.*, p. 42.

5. Voir Tiqqun, *Premiers matériaux pour une Théorie de la jeune fille*, Paris, Mille et une nuits, 2001.

... A celle de l'argent

Huizinga considérait par ailleurs que « l'orgueil, élevé jusqu'à la beauté » constitue l'essence de l'idéal esthétique de la pensée médiévale, lequel assume « les apparences d'un idéal éthique » sans jamais être « entièrement à la hauteur de cette fonction éthique [1] ». Or, il n'est pas sûr que l'actuelle aristocratie de l'argent se préoccupe encore d'apporter un quelconque habillage éthique à son idéal esthétique de conquête illimitée – du moins tel qu'il est mis en scène dans une série de films réalisés par une bourgeoisie artiste souvent parente, et parfois experte de la haute aristocratie de l'argent. On peut penser par exemple au film de David Fincher, *The social network* [2], qui montre l'ascension irrésistible et peu suspecte de scrupules moraux du fondateur de Facebook, Mark Zuckerberg. Ou encore à *Passion* de Brian de Palma [3], brillant remake d'un film français [4] sur la concurrence meurtrière de deux jeunes cadres féminines d'une entreprise multinationale de publicité. Au début du film, l'exquise civilité, toute en souplesse et en condescendance, de la plus puissante des deux femmes qui reçoit sa collaboratrice dans le cadre très artistique de son luxueux appartement new-yorkais, donne la note esthétique de la dérive meurtrière qui suivra, lorsque la collaboratrice se venge de sa directrice par une tentative de crime parfait.

Au-delà de ces violences de l'entreprise capitaliste qui ne sont pas que symboliques, ce sont les manœuvres impitoyables de la haute finance, à l'origine de la violente crise économique de 2008, qui suscitent une fascination spéciale des cinéastes et des spectateurs, lesquels voudraient bien comprendre le sens profond de ce qu'en anglais on appelle *greed*, soit la cupidité sans limite. Ainsi *Margin Call*, premier long métrage de Jeffrey McDonald Chandor [5], nous montre trois jeunes traders en train de vivre dans l'espace d'une

1. *Ibid.*, p. 70.
2. *The social network*, David Fincher, USA, 2010.
3. *Passion*, Brian de Palma, USA, 2012.
4. *Crime d'amour*, Alain Corneau, France, 2010.
5. *Margin Call*, McDonald Chandor, USA, 2011.

seule nuit le plus grand vertige professionnel de leur carrière. Au cœur de la crise qui secoue leur société, on les voit prendre le frais sur le toit d'un building new-yorkais, en même temps que la mesure d'un autre vertige, beaucoup plus concret, lorsque l'un d'entre eux s'assoit sur la balustrade en surplomb de la ville illuminée en contrebas, suscitant l'effroi de ses camarades, avant de reprendre pied et de lâcher avec un soupir : « Pas aujourd'hui ». On entend alors le vrombissement d'un hélicoptère qui surgit dans le ciel nocturne pour aller se poser un peu plus loin sur la terrasse. Lorsque le PDG de la société en péril (Jeremy Irons) fera son entrée un peu plus tard dans la réunion de crise des responsables de l'entreprise, on comprend que ce sont les grands patrons qui descendent aujourd'hui de leurs hélicoptères posés sur les toits des buildings, comme jadis les dieux descendaient de l'Olympe, tandis que les simples mortels tentent de se retenir au bord du vide.

Ce n'est pas le moindre mérite du film de Chandor que de nous tenir en haleine avec cette arrivée, un par un, des responsables de la société, dans l'ordre inverse de la hiérarchie, pour gérer le problème éventé par le chef du service des risques… licencié le jour-même avec 80% des employés de l'étage. Son adjoint, épargné par la purge, est joint au téléphone dans un bar à putes par le petit génie des mathématiques qui, resté seul au bureau avec une clef USB confiée par son chef licencié, a réussi à faire l'analyse de la catastrophe qui se prépare : selon son modèle, les hypothèques prises depuis 15 jours sur un certain produit financier sont devenues si importantes qu'il suffirait d'une baisse minime des actifs pour que la perte soit plus importante que la valeur de l'ensemble de la société. Le chef des vendeurs (Kevin Spacey) est prévenu à son tour, au moment où il rentre chez lui en pleurant pour accompagner son chien en train de mourir d'une tumeur – ce qui prouve bien que, comme Achille, les demi-dieux de la finance contemporaine ont des sentiments humains. En revanche, pour ce qui est de la hiérarchie plus élevée, rien n'indique que ces hommes et cette femme tirés à quatre épingles débarquant en pleine nuit, frais et dispos, dans une réunion de crise, aient été tirés de leur sommeil ou d'un cadre de vie normal et ordinaire. Comme s'il allait de soi que le regard des dieux sur le monde qu'ils dominent ne se relâche jamais. Tout ce qu'on sait d'eux, c'est qu'ils sont capables de faire de l'argent, de résister aux intrigues et de réagir en cas d'urgence pour ne pas risquer d'en perdre. Dans cette histoire, tout le monde du reste cherche à faire de l'argent, y compris le petit génie des mathématiques qui a abandonné la physique de la propulsion et des frictions (sic), parce que, dit-il, « la bourse rapporte beaucoup plus ». Et les conversations entre ces trois jeunes traders portent, comme un leitmotiv, sur la quantité d'argent que font les uns et les autres et sur les façons (à vrai dire assez peu imaginatives) de le dépenser : appartements, voitures, restaurants et putes.

« Je connais beaucoup de ces gens, ils ne sont pas fondamentalement mauvais », dit le jeune réalisateur J.C. Chandor, lui-même fils d'un trader qu'il accompagnait lorsqu'il était enfant sur son lieu de travail, et qui aurait vécu un événement du même genre que celui relaté dans le film : soit le déclenchement intentionnel d'un krach boursier par la revente massive, en une matinée, de titres toxiques, afin d'éviter un désastre financier aux dirigeants de la société. « On ne prend pas parti, dit encore le metteur en scène, on montre ce qu'on considère comme la vérité, au moins pour le groupe de personnes qu'on considère. On ne trouve pas d'excuses pour leur responsabilité dans ces actions ». Sans porter de jugement, le film montre quand même que l'éthique des affaires [1] des personnages et du système qui les fait vivre : vendre et acheter pour que tout le monde y trouve son compte, ne résiste pas longtemps aux impératifs de leur propre survie. Et que l'idée un peu simple qu'« il y aura toujours le même pourcentage de gagnants et de perdants » suffit à déterminer leur choix sans ambiguïté de faire partie de la première catégorie. Cette façon de ne pas prendre parti constitue en définitive un tableau accablant, quoique sans leçon de morale, de la limitation des perspectives de belle vie ouvertes par le capitalisme financier.

---

1. Voir J. Assouly, *Morale ou finance ? La déontologie dans les pratiques financières*, Paris, Presses de SciencesPo, 2013.

Comparé à un autre excellent film sur le même sujet : *Wall Street* d'Oliver Stone [1], auquel Chandor se réfère lui-même dans ses interviews, on voit le chemin parcouru en une trentaine d'années par la réflexion des fabricants de films américains. *Wall Street* relevait encore du classicisme hollywoodien le plus strict : ceux qui s'enrichissent indûment et par pure cupidité le font au mépris des lois, lesquelles peuvent à tout moment les rattraper en les faisant tomber de leur piédestal, ce qui se produit effectivement à la fin du film d'O. Stone lorsque la justice découvre les délits d'initiés des héros. Cela se produit aussi dans la frénésie cocaïnomane du film de Martin Scorsèse (qui fait un peu mal à la tête) : *Le loup de Wall Street* [2]. Dans le film de Chandor, au contraire, tout le mal se fait au coin des lois, jamais au coin du bois. Et les dilemmes entre la vieille éthique entrepreneuriale, respectueuse de l'emploi et des traditions industrielles, et l'absence d'éthique de la nouvelle finance n'ont plus cours. L'abstention normative chez le témoin cinéaste apparaît finalement comme le corrélat quasi-naturel d'un comportement qui n'a en soi rien de méchant (« ça n'a rien de personnel » dit, au début du film, une exécutrice du plan de licenciement), mais relève simplement d'une sorte de candeur cynique qui offre une légitimité intime à la violence des intérêts [3].

Chandor lui-même est allé un peu plus loin dans sa réflexion en étoffant sensiblement la part de l'éthique dans deux films tout aussi fulgurants, l'un qui met en scène la lutte pour la survie d'un vieux navigateur solitaire dont le voilier a été victime d'une avarie : Robert Redford dans *All is lost* [4]. Et l'autre, *A most violent year* [5], qui montre la lutte d'un entrepreneur new-yorkais d'origine latino des années 80, Abel Morales, cherchant à résister par des voies purement légales à des attaques mafieuses contre les camions de

---

1. *Wall Street*, Oliver Stone, USA, 1987.
2. *Le loup de Wall Street*, Martin Scorsèse, USA, 2013, d'après le roman de J. Belfort, trad. fr. L. Delplanque et E. Percibal, Paris, LGF, 2014.
3. Voir *infra*, chap. IV.
4. *All is lost*, Chandor, USA et Canada, 2013.
5. *A most violent years*, Chandor, USA, 2014.

sa société d'importation de pétrole – laquelle est en plein essor au début du film, comme elle le sera encore à la fin, malgré beaucoup de vents contraires, grâce à l'énergie du héros. Car malgré les menaces mortelles qu'il a dû subir, y compris des poursuites judiciaires pour de supposées malversations et un refus des banques de financer un achat vital pour son entreprise, le héros du film (Oscar Isaac) réussit à surmonter l'épreuve. Le trouble habilement distillé par le réalisateur est que le héros semble persuadé qu'il n'a pas dérogé à son principe de ne pas devenir un gangster (contrairement au père de son épouse qui est en train de purger une peine de prison); alors que le spectateur sait bien qu'il n'en est rien, puisque Morales obtient des informations sur l'origine des attaques en maltraitant salement un des voleurs de ses camions, qu'il accepte l'argent que sa femme a détourné à son insu pour renflouer la société, et qu'il fait finalement un deal avec le procureur lorsque celui-ci, devant son influence prévisible dans la politique locale grâce au rachat d'un dock du port de New York, lui propose la paix des braves en vue d'une alliance future.

Au vu de son extraordinaire cinéméthodologie, c'est avec une certaine impatience que le sociologue de la morale attend la suite des films de J.C. Chandor pour aiguiser sa propre réflexion sur l'éthique du capitalisme. Mais en attendant, on voit bien que les héros du capital tels qu'ils apparaissent dans ce genre de film sont clairement des praticiens de la gloire éclairée des Lumières, au sens du moins de la rationalité la plus instrumentale : ils sont forts en maths ou ils ont une aptitude commerciale très aiguisée ou ils possèdent une intuition entrepreneuriale à toute épreuve..., sans rechigner cependant aux méthodes brutales de la gloire des Anciens dont ils partagent en outre le sens esthétique souverain. On voit ainsi, dans le *Wall street* d'O. Stone, l'affairiste du film (Michael Douglas), dont le goût pour les œuvres d'art est décrit comme très sûr, marcher sur une plage en donnant par téléphone des instructions implacables à son jeune collaborateur, et s'écrier soudain en voyant poindre le soleil à l'horizon : « A Jésus ! Je regrette que vous ne voyiez pas cela, l'apparition de la lumière !

Je n'ai jamais vu une peinture qui capture la beauté de l'océan, un moment comme celui-ci. » Une différence notable entre les deux sortes de héros est cependant qu'Achille acceptait de mourir pour la gloire, contrairement aux héros des affaires contemporains qui ne se sont pas suicidés massivement lors de la crise de 2008 – pas plus d'ailleurs que lors de la crise de 1929, contrairement à une légende tenace sur le sujet[1].

Si on suppose, d'un point de vue évolutionniste, que les sociétés anciennes, telles que la société grecque et les sociétés aristocratiques médiévales, valorisaient la belle mort ou au moins la bravoure au combat parce qu'elle favorisait la survie de la société et du système de classe sur lequel elle se fondait, on conclura sans peine que la belle mort dans l'honneur du combat loyal n'a plus guère de valeur fonctionnelle dans les sociétés aristocratiques modernes, alors que les coups fourrés de la belle vie capitaliste ont encore un océan d'utilité fonctionnelle devant eux. Le panache, celui qui semble garantir la survie de la mémoire ou de la descendance – comme celui des oiseaux de Darwin qui exhibent leurs plus beaux ornements et armements pour séduire les femelles – serait désormais confiné à celui de l'extrême égoïsme, qui garantit seulement la survie des profits financiers. Sauf que les praxèmes que ces héros transmettent aux générations futures ne font peut-être plus autant d'adeptes que ceux de la belle « autre » vie[2], voire de la belle mort, ce qui est l'un des problèmes cruciaux de la belle vie à l'âge libéral.

1. D'après Wikipedia.
2. Voir *infra*, chap. v.

CHAPITRE IV

PASSION DES INTÉRÊTS ET CANDEUR INTIME

En économie politique, les intérêts ont généralement été considérés comme une alternative civilisatrice aux passions[1] qui permettrait de pacifier les relations entre les hommes. Toutefois, si on en juge à l'avidité *passionnée* qui anime aujourd'hui l'accumulation des richesses, il est difficile de ne pas considérer les intérêts comme des passions, dont ils seraient au mieux une expression « adoucie[2] », si l'on peut dire, par la rationalité froide de la recherche du gain. En philosophie morale, au contraire, les intérêts sont plutôt mal vus, parce qu'ils s'opposent à la vertu du désintéressement. Or, le désintéressement est peut-être un des faux problèmes les plus tenaces de la philosophie morale, car il semble impossible d'agir sans le moindre intérêt. Les désirs étant toujours orientés vers l'obtention d'une récompense neuropsychique[3], ils impliquent par construction la poursuite d'un « intérêt » au sens large, même si ce n'est pas forcément celui de l'argent ou du pouvoir. La question est donc moins celle du désintéressement qui, au sens strict, ne pourrait signifier qu'une totale indifférence à l'issue d'une situation, que celle des catégories d'intérêts entretenus par les passions et les attentes de récompenses.

Les intérêts des personnages de *Margin Call* reposent, d'après la fiction, sur le pur désir d'argent, forme la plus pure de la cupidité, et sont donc parmi les plus universels dans leur portée, puisqu'on achète presque tout avec l'argent, mais aussi parmi les

1. Voir A.O. Hirschman, *Les passions et les intérêts. Justifications politiques du capitalisme avant son apogée*, trad. fr. P. Adler, Paris, P.U.F., 1980
2. *Ibid.*
3. Voir en particulier « Neuron », Special issue on *Reward and Decision*, vol. 36, n° 2, 10/2002 ; K.C. Berridge, « The Debate over Dopamine's Role in Reward : The Case for Incentive Salience », *Psychopharmacology*, 191, 2007, p. 391-431.

plus insolites, voire les plus pathétiques, puisque tout le monde sait que certains des biens les plus précieux, comme par exemple l'amour de ceux dont on souhaiterait être aimé ou la connaissance approfondie d'un domaine artistique, ne s'obtiennent pas avec de l'argent. A l'inverse, les intérêts qui relèvent de ce que Jon Elster appelle le « souci désintéressé », c'est-à-dire un souci qui ne serait motivé ni par l'avantage personnel, ni par le regard extérieur sur ce désintéressement, ni même par le regard qu'on porte sur soi-même [1], sont réputés avoir une plus grande valeur morale et sociale. Ce qui ne les empêche nullement de provoquer dans le cerveau une libération de neuropeptides (dopamine et autres neurotransmetteurs) qui les apparente à des intérêts plus triviaux – comme cela devait aussi être le cas lorsque Kant se représentait, avec l'ardeur que l'on sait, l'action motivée uniquement par la loi morale.

Toutefois, l'habitude de considérer l'intérêt comme un contrepoids salutaire aux passions ou, au contraire, comme un obstacle rédhibitoire à l'équité, a fait perdre de vue la question plus basique de savoir ce que ça peut faire à un sujet d'avoir un intérêt passionné pour quelque chose, qu'il s'agisse d'argent, de loi morale, de sexe ou de n'importe quoi d'autre. C'est ce rapport intime à l'intérêt que je voudrais explorer dans ce chapitre, sous la forme en particulier du sentiment de candeur ou d'*innocence* qui peut accompagner la poursuite des intérêts, y compris lorsqu'ils sont parfaitement immoraux – suivant le même modèle d'akolasia, c'est-à-dire d'auto-indulgence, qui innocente le sujet se laissant aller à une consommation déréglée de quelque chose. C'est cette posture de candeur cynique que manifeste par exemple le PDG de *Margin Call* lorsqu'il rassure un collègue inquiet en lui disant : « Ce n'est que de l'argent ». On verra néanmoins que cette candeur cynique peut être prise en défaut par les réactions éthiques d'un autrui dont les promesses de récompense importent davantage, tandis qu'à l'inverse, la candeur beaucoup plus innocente de

1. J. Elster, *Le désintéressement Traité critique de l'homme économique*, Paris, Seuil, 2009.

certains intérêts passionnés peut être ravagée par une intoxication neurologique ou sociale.

L'éthique des abeilles

La fable des abeilles de Mandeville raconte comment une société d'abeilles qui « jouissait d'une heureuse prospérité » lorsque « les vices des particuliers contribuaient à la félicité publique[1] », fut un jour submergée par les dégâts sociaux d'un gouvernement fondé sur la vertu : inactivité, appauvrissement, affaiblissement, uniformité, ennui, inconfort et finalement mal-être…, tout cela pour avoir obtenu de Jupiter d'être « délivrée de la fraude dont elle se plaignait[2] ». La conclusion de la fable, qui anticipe sur la main invisible d'Adam Smith[3], est que le bien public aurait tout à gagner du libre jeu des friponneries individuelles, contrairement à une imposition dogmatique de la vertu à tous les membres de la société. La leçon de Mandeville selon laquelle « il faut que la fraude, le luxe et la vanité subsistent, si nous voulons en retirer les doux fruits[4] » est devenue depuis lors une justification de base de l'éthique capitaliste, qui légitime les comportements individuels avides par les conséquences favorables qu'ils auraient pour l'ensemble de la société.

Loin d'avoir vieilli, ce type de justification est plus que jamais présent dans les débats contemporains, quoique habituellement sous une forme édulcorée, les intérêts bien compris ayant meilleure presse que la fraude et le pur cynisme. Toutefois, l'éthique des abeilles capitalistes se découvre aujourd'hui de nouvelles garanties, liées à une légitimation beaucoup plus *intime* des aspirations à l'argent et au pouvoir, qui se sont largement émancipées de la critique religieuse traditionnelle non seulement de l'avarice et l'usure, mais aussi de la jouissance directe des richesses. Une nouvelle justification du

---

1. B. Mandeville, *Fable des abeilles ou les fripons devenus honnêtes gens*, trad. fr. vol. 1, Londres, 1740, p. 10 ; Paris, Vrin, 1991.
2. *Ibid.*, p. 14.
3. Voir le récit de A. O. Hirschman, *Les passions et les intérêts*.
4. B. Mandeville, *Fable des abeilles, op. cit.*, p. 25.

capitalisme, fondée sur la force du désir et du goût[1] beaucoup plus que sur l'utilité sociale des effets agrégés, s'est largement répandue dans la société, à la faveur du développement capitaliste lui-même qui a besoin, pour son développement, de flatter et de satisfaire n'importe quel goût naturel ou artificiel susceptible de donner lieu à une spéculation économique. L'eudémonisme ou l'hédonisme ambiant qui en résulte contribue à faire de l'avidité pour l'argent ou le pouvoir un simple cas particulier d'une tendance plus générale au plaisir et à la joie, dont la figure de l'ancien premier ministre italien, Silvio Berlusconi, escroc, hilare et bon vivant, fut une sorte de caricature[2].

Toutefois, la justification par le goût de l'argent, du lucre et du pouvoir est aussi une cause de suspicion supplémentaire dont témoignent les films contemporains sur l'argent, ceux que j'ai cités au chapitre précédent présentant une sorte de paroxysme de l'avidité qui anime les élites des sociétés libérales contemporaines. Il n'y a pourtant pas de solution de continuité entre ce genre d'avidité et les recherches d'intensité qui se retrouvent aujourd'hui dans d'autres domaines de l'existence. L'argent et le pouvoir, pour suspects qu'ils soient, apparaissent eux aussi comme des moyens de vie intense, au même titre que beaucoup d'autres offerts par les sociétés libérales, qu'il s'agisse de drogue, de sexe, d'art ou de raffinement alimentaire. Ainsi, quand John Tuld, le PDG de *Margin Call*, prend un petit déjeuner copieux au restaurant panoramique de son building, le matin du krach qu'il a provoqué, nul ne doute qu'il exprime un goût des plaisirs, du confort et de la belle vie, que n'importe qui pourrait aujourd'hui partager, même en étant très critique du capitalisme financier.

On est loin ici de l'éthique puritaine des entrepreneurs protestants décrits par Max Weber, et de leur sens du devoir, diamétralement opposé aux pratiques de brigand des abeilles de

---

1. Voir par exemple O. Assouly, *Le capitalisme esthétique Essai sur l'industrialisation du goût*, Paris, Cerf, 2008.
2. Voir mon analyse dans *Plaisirs et dépendances dans les sociétés marchandes*, Bruxelles, Éditions de l'Université de Bruxelles, 2012, chap. 7.

Mandeville. Lorsque Weber confrontait les vertus de l'entrepreneur selon Benjamin Franklin : assiduité au travail, frugalité, ponctualité, équité dans les affaires, scrupules, honnêteté…, à la raillerie d'un essayiste allemand du XIXe siècle à propos des capitalistes yankees : « ils font du suif avec le bétail, de l'argent avec les hommes », il pouvait conclure que « ce qui est enseigné ici [dans le modèle de B. Franklin], ce n'est pas simplement le "sens des affaires"… c'est un ethos[1]. » Et il précisait un peu plus loin : « Cette éthique est entièrement dépouillée de tout caractère eudémoniste, voire hédoniste. Ici, le *summum bonum* peut s'exprimer ainsi : gagner de l'argent, toujours plus d'argent, tout en se gardant strictement des jouissances spontanées de la vie… Le gain est devenu la fin que l'homme se propose ; il ne lui est plus subordonné comme moyen de satisfaire ses besoins matériels[2]. »

Le fait est que cette inspiration éthique, si tant est qu'elle ait jamais existé, a beaucoup régressé depuis les débuts historiques du capitalisme, tandis que le goût des plaisirs est apparu au contraire comme une alternative légitime à l'éthique ascétique, sous l'effet notamment de la vague émancipatrice qui a suivi 1968. Et si le goût du gain a été conservé, c'est d'abord pour les moyens qu'il offre à la recherche des plaisirs, mais aussi parce qu'il est reconnu lui-même comme un plaisir, au même titre que celui des fêtes, du sexe ou des œuvres d'art[3]. La recherche du gain est du reste notoirement une activité addictive, reconnue comme telle par les nomenclatures internationales, les jeux d'argent (*gambling*) étant les seules « addictions sans produit » expressément répertoriées par le DSM 5 de l'Association Américaine de Psychiatrie[4]. L'ambiance morale des années 70, avec son esprit libertaire et glouton – revendiqué par le mot d'ordre : « Ce que nous voulons : tout ! », qui fut aussi

---

1. M. Weber, *L'Éthique protestante et l'esprit du capitalisme* [1905] trad. fr. J. Chavy, Paris, Plon, 1964, p. 48-49.
2. *Ibid.*, p. 51.
3. Voir R. H. Frank, *La course au luxe*.
4. *Diagnostic and Statistical Manual of Mental Disorders*, 5e éd. (DSM-5), 2013.

le nom du mouvement gauchiste *Vive la révolution* –, a sans doute influencé le « nouvel esprit du capitalisme » de la fin du XXe siècle, sous la forme de ce que Luc Boltanski et Eve Chiapello[1] ont appelé la « critique-artiste » issue de l'esprit de mai 68. Mais ce nouvel « esprit du capitalisme » répondait aussi aux attentes hédoniques qui traversent les sociétés modernes, sous la forme d'une course aux récompenses disponibles à un certain moment du développement des forces productives et des échanges marchands.

Ce genre de processus « darwinien » peut parfois être interrompu par des « mutations » politiques inattendues, comme la révolution bolchévique avec ses conséquences sur l'ensemble du monde, qui mirent momentanément en veille l'extension consumériste dans les pays concernés. Mais le fait est que la mutation en question n'a pas résisté beaucoup plus d'un demi-siècle à une tendance de fond qui a mondialisé le capitalisme en même temps que se mondialisaient les attentes de récompenses liées aux progrès technologiques : mobilité, communication, divertissements, sexualités, santé, éducation... Si on en juge à la production cinématographique, aux sondages ou aux mouvements de résistance qui mettent le capitalisme au rang d'un mal radical qu'il faudrait impérativement éliminer[2], d'autres mutations ne sont pas à exclure. Mais pour que celles-ci durent davantage que les précédentes, encore faudrait-il qu'elles soient capables d'imaginer d'autres formes institutionnelles pour l'avidité naturelle et l'entraînement réciproque et inexorable, chez la plupart des humains, du désir et des opportunités technologiques et marchandes.

Quoiqu'il en soit, les formes contemporaines de l'avidité politique et économique semblent reposer désormais, en-deçà de la friponnerie qui, selon Mandeville, conditionne la bonne marche des affaires, ou de l'éthique de la vocation (*Beruf*) qui, selon Weber, favorisait la gestion rationnelle des affaires temporelles[3], sur une

---

1. Voir L. Boltanski, E. Chiapello, *Le nouvel esprit du capitalisme*, Paris, Gallimard, 1999.

2. Voir Comité invisible, *L'insurrection qui vient*, Paris, La Fabrique, 2007, et *infra*, chap. v.

3. M. Weber, *L'Ethique protestante et l'esprit du capitalisme*, *op. cit.*, p. 90 *sq.*

forme d'intéressement qui relève d'une sorte d'auto-sublimation dont témoignent, entre autres, l'aristocratisation du goût des classes moyennes et la glorification des succès personnels dans la course aux positions ou à l'argent. Le goût historique de la gloire que l'on pouvait cultiver dans les guerres et les tournois n'a pas été purement et simplement remplacé par le goût de l'argent, du pouvoir ou de la longue vie intense et heureuse des classes riches et moyennes privilégiées, mais il s'est transmué en un sens intime du succès fondé sur le fait qu'on a, par exemple, de l'argent, ou un héritage, ou une position enviable, ou des diplômes prestigieux, ou des goûts raffinés, ou des expériences sublimes, ou des œuvres importantes, ou des amours intenses... C'est ce qui assure, dans le for intérieur des sujets, cette transition indispensable entre les applaudissements d'autrui et la *jubilation* d'être ce qu'on est ou d'avoir ce qu'on a, fût-ce au prix du cynisme le plus éhonté.

C'est désormais par cette auto-sublimation que la récompense sous forme d'argent, de confort ou de pouvoir peut être innocentante, non pas au plan collectif, comme l'avaient proposé Mandeville et une série d'auteurs qui s'intéressaient aux avantages collectifs de la concurrence des intérêts [1], mais au plan *intime* – aussi longtemps du moins que le sujet n'est pas plongé dans la dépression par un coup dur personnel, une vexation amoureuse, ou une tendance bipolaire dont l'incidence accrue est un autre trait remarquable de la période. L'une des caractéristiques du monde économique et politique actuel est ainsi d'être gouverné par des élites qui, contrairement peut-être aux abeilles de Mandeville, se croient disculpées de leur éventuelle friponnerie par leur seul sens intime de la gloire et de la belle vie.

Rire du Mal

Au début de la saison 3 de *House of Cards* [2], on voit le président des Etats-Unis fraîchement nommé se rendre en pèlerinage sur la

---

1. Voir A. O. Hirschman, *Les passions et les intérêts*.
2. *House of Cards*, Beau Willimon, USA, depuis 2013-2014, d'après la série anglaise d'Andrew Davies (1990 à 1994) et le roman de M. Dobbs (New York, Harper, 1989) du même nom.

tombe de son père pour apporter, dit-il en s'adressant au spectateur, une note « plus humaine » à son investiture. Comme Mitterrand au Panthéon, il s'éloigne sur la colline en laissant derrière lui son escorte de voitures, de policiers et de journalistes. Mais lorsqu'il se retrouve seul devant la tombe, à l'abri des regards, il tient à son père ce petit discours : « Je vais te dire, papa, quand on m'enterrera, ce ne sera pas dans mon jardin. Et quand on viendra me rendre hommage, il faudra faire la queue », juste avant de pisser sur la pierre tombale. Frank Underwood (alias de Kevin Spacey), qui vient d'accéder à la magistrature suprême grâce à la démission du président en titre qu'il a lui-même provoquée lorsqu'il n'était que vice-président, résume de cette façon iconoclaste les traits majeurs du personnage qu'il incarne : transgression, hypocrisie et arrivisme illimités.

Au-delà du jeu jouissif avec les limites, s'agissant de personnages dont les prestations publiques sont exactement celles auxquelles le téléspectateur américain est habitué : cortèges de voitures officielles, images parcimonieuses de la Maison blanche et du bureau ovale, interrogatoires devant des grands jurys, interviews sur CNN, commentaires assassins sur Fox News, etc., la principale trouvaille de cette série est de compléter la scénographie publique par une scénographie *intime* tout aussi criante de vérité. Cette scénographie de l'intime a la particularité de donner au Mal un visage humain en attirant l'attention du spectateur sur la sincérité ou la candeur intime des personnages, qui semble leur conférer une légitimité à faire ce qu'ils font, ce qui permet de suspendre chez lui toute réaction d'hostilité – les adresses directes de Kevin Spacey à la caméra, à l'insu des autres acteurs de la scène, permettant de parachever ce dispositif de captation. Le spectateur est pris ici d'un sentiment non de complicité (il sait bien que tout cela est immoral), ni même de compréhension (par la petite enfance, les circonstances, les frustrations, etc.), mais plutôt de fascination et de conviction sur la cohérence intime des personnages. Les scènes de fabrication humaine, très humaine du Mal, celles qu'on ne voit jamais à la télé, incluent en effet les manœuvres, machinations et autres forfaits indispensables à la réalisation des ambitions démesurées des personnages – y compris le meurtre lorsque le futur président en personne projette sous un métro une journaliste compromettante, quelque temps après avoir entretenu avec elle une liaison amoureuse. Mais cette mise en scène de l'intimité inclut aussi les gestes et usages domestiques de l'existence humaine, et surtout les attachements et attirances de n'importe qui, à commencer par les amours et le sexe, qui surlignent la vérité des attentes, plaisirs et sentiments des personnages, comme par exemple le goût d'aller manger des côtelettes de porc dans un petit restaurant populaire pour bavarder avec le patron.

Au premier rang de ces attachements figure l'étroite complicité amoureuse entre les deux ogres de la série : Frank et son épouse Claire, devenue first lady, dont les ambitions personnelles sont, par chance, tout aussi extrêmes que celles de son président de mari, comme du reste le cynisme, puisqu'elle n'hésite pas à tromper la confiance d'une militante humanitaire qu'elle a utilisée pour étendre l'influence de ses propres entreprises humanitaires en Afrique. Mais sa sincérité amoureuse, dans sa tentation de renouer avec un ancien amant aussi bien que dans sa fidélité retrouvée envers son mari, apparaît aussi forte que sa sincérité dans l'arrivisme et le cynisme. Par exemple, au milieu du second épisode de la saison 3, lorsque tout va mal parce que le président n'arrive pas à obtenir les soutiens nécessaires à son projet diabolique de création de 10 millions d'emploi par l'abrogation de toutes les mesures sociales existantes, et aussi parce que la first lady n'a pas été adoubée par le Sénat dans son projet de devenir ambassadrice à l'ONU, on devine plus qu'on ne voit, dans le clair-obscur qu'affectionne la série, le président allongé sur le sol en train de sangloter de dépit. Son épouse vient alors le chevaucher avec le plus grand soin amoureux, suscitant ses cris de plaisir et démontrant ainsi la qualité de ses vertus érotiques, dont elle partage la grâce avec l'épouvantable personnage qui lui sert de mari.

Le sentiment de fascination ne vient pas ici d'une supposée « banalité » du Mal qui aurait contaminé la conscience commune et perdu ainsi toute visibilité pour le public. Au contraire, le mal, flagrant pour le spectateur, est supposé totalement invisible dans l'univers public de la fiction, mais c'est seulement parce qu'on prend bien soin de la cacher : s'il devenait visible, toute la machination s'écroulerait. La fascination vient plutôt du fait que le Mal apparaît comme une extension monstrueuse, mais tout à fait sincère et *naturelle*, de la réalité morale intime du personnage. Un peu comme un cancer qui se développe chez une personne qu'on croyait bien-portante, mais avec le plaisir en plus, puisqu'on n'a aucune raison d'avoir de la compassion pour le porteur d'un mal moral. Frank Underwood nous fait rire par la candeur de son travers, quoique pas exactement comme un personnage de Molière, car son niveau de malignité le rend plus inquiétant que ridicule. Et son efficacité pratique est nettement plus grande : contrairement à Harpagon ou Arnolphe qui échouent dans leurs entreprises, il bénéficie d'une réussite prolongée dans ses machinations.

C'est le cas aussi des personnages d'autres séries télévisées dans l'air du temps, comme par exemple Brody, l'ancien combattant américain en Irak devenu transfuge dans la série *Homeland*[1], qui n'est pendu qu'à la fin de la troisième saison (quoique cette fois pour la bonne cause), ou le professeur de chimie de *Breaking Bad*[2], devenu fabricant et dealer de méthamphétamine, qui n'est tué par les vrais trafiquants qu'à la fin de la cinquième saison. La réalité intime de ces personnages n'est jamais présentée comme intégralement mauvaise puisqu'elle inclut, en plus de leur engagement résolu dans le Mal, des attachements amoureux profonds, sincères, fidèles, presque touchants, ainsi que la confrontation pathétique aux épreuves de la vie : le cancer, les traitements de la stérilité, la tenue des rôles parentaux... Le spectateur est ainsi incité à prendre en compte un ameublement intime dont les éléments ne sont pas vraiment séparables, même si les uns n'excusent pas les autres. La candeur cynique peut ainsi s'intégrer à d'autres traits de notre humanité commune, pour devenir une éventualité aussi fascinante (cinématographiquement) qu'elle est inacceptable en principe.

1. *Homeland*, Howard Gordon and Alex Gansa, USA, Fox 21, depuis 2011, d'après la série israélienne *Hatufim*, Gideon Raff.
2. *Breaking Bad*, Vince Gilligan, USA, 2008-2013.

Les mécomptes du cynisme

Si l'on revient maintenant à l'abstention normative de J.C. Chandor à propos de ses personnages de *Margin Call*, on comprend mieux sans doute pourquoi une telle abstention peut devenir une tentation forte de l'éthique contemporaine pour tous ceux qui sont fatigués des leçons de morale et du bavardage éthique ambiant, officiel ou critique, paternaliste ou libertaire, et qui pensent au contraire qu'il faut être attentif, dans un souci de véridicité humaine, à l'intégration en chaque sujet des composants intimes et sociaux de son existence, et en particulier à la particularité, à la sincérité, à la candeur des bons aussi bien que des méchants. Le sens commun du plaisir et des récompenses de la vie qui nous rattache à ces derniers suffirait ainsi à rendre compliquée toute prise de position éthique.

On sait néanmoins que la question de la valeur comparée des différentes sortes d'intérêts passionnés risque toujours de resurgir sur le chemin des personnages du cinéma ou de la vie réelle, du fait tout simplement de la morale diffuse présente dans n'importe quelle société humaine, qui réprouve universellement la tricherie, la trahison, la corruption, le meurtre, etc. Toutefois, le retour de l'éthique se fait sans doute moins souvent pour des raisons de principe que pour des raisons de concurrence des passions intéressées, par exemple lorsqu'on aimerait partager sa belle vie avec des personnes qui, contrairement à la compagne de Frank Underwood, ne ratifient pas cette vision cynique des choses. Ce qui peut empêcher de trouver belles certaines formes de vie, c'est en effet la confrontation à un autrui significatif qui juge autrement de l'innocence des intérêts. Non pas que l'intersubjectivité vaudrait comme critère éthique ultime de ce qui est ou n'est pas réellement innocent – on verra au contraire que l'intersubjectivité sociale peut très bien massacrer un sentiment légitime d'innocence. Mais l'intersubjectivité sous forme d'une relation amoureuse et amicale est en elle-même une source de récompense et d'intérêt suffisamment attractive pour être capable, en cas de différence d'appréciation éthique, de contrebalancer des intérêts immoraux, ou de créer au moins les conditions pour rendre amères toutes les jouissances qu'on pourrait en tirer.

Pour expliciter cette situation, je voudrais m'arrêter sur un film aussi peu connu que *The Swimmer*, mais tout aussi fulgurant quant à ce qu'il nous dit des relations entre l'intime et le social, et en particulier sur la possibilité de vouloir réussir coûte que coûte, tout en gardant des sentiments humains. *Traître sur commande*[1] nous plonge dans l'univers d'une mine de charbon de Pennsylvanie des années 1870, reconstitué avec beaucoup de réalisme, y compris les quintes de toux des mineurs qui retentissent dans les galeries, et les longues soirées à boire de la bière dans le pub local. Le film, tourné dans une ancienne petite ville minière qui serait, paraît-il, restée intacte jusqu'aux années 1970, évoque la résistance historique d'une société secrète de mineurs irlandais : *The Molly Maguires*, dont l'activité consistait entre autres à dynamiter des puits de mine et des trains de charbon.

On sait dès le début du film de quoi il retourne lorsqu'un homme fraîchement débarqué du train se fait arrêter par la police après une bagarre au pub de la ville, provoquée sur ordre par un mineur pour manifester la suspicion générale de ses camarades. On découvre alors que le nouvel arrivant, pris à part par le chef de la police, n'est autre qu'un espion envoyé par la compagnie des mines pour démasquer et faire pendre les leaders des *Molly Maguires*. James, le détective (Richard Harris), nous fait connaître tout de suite ses motivations profondes, qui laissent peu de place à la mauvaise conscience, lorsqu'il répond au chef de la police le mettant en garde sur le sort funeste réservé par les mineurs à quelques-uns de ses prédécesseurs : « Je ne suis pas volontaire pour échouer. J'ai déjà assez échoué dans ce pays… Je suis fatigué d'être au fond du tonneau, je suis fatigué de toujours regarder vers le haut, je veux regarder vers le bas. »

Sur un mode encore plus humain et moins ironique que le héros de *House of Cards*, le personnage du détective montre sa capacité

---

1. *Traître sur commande* (*The Molly Maguires*), Martin Ritt, USA, 1970

d'intégrer à son plan cynique – l'espionnage, la provocation et le mouchardage des camarades –, tous les ingrédients qui peuvent rendre un sujet proche et sympathique : se faire embaucher comme mineur et faire son travail aussi vaillamment que les autres, faire grise mine lorsque le comptable de la compagnie fait des retenues sur sa paie, jouer au football avec les enfants, et au rugby avec les adultes, aller boire de la bière avec les autres mineurs, et surtout courtiser poétiquement et philosophiquement la jeune femme qui a accepté de le loger dans la maison de son père, un vieux mineur retraité en train de mourir de la silicose. Il n'y a donc pas lieu de s'étonner que Jack (Sean Connery), le leader des mineurs anarchistes, le prenne en sympathie, lui sauve la vie dans un boyau de mine et finisse, malgré les mises en garde de sa femme, par l'introduire dans le saint des saints de la société secrète, lui transmettant les signes de reconnaissance, avant de le mettre à l'épreuve sur quelques opérations mineures.

L'occasion de la provocation idéale, celle qui permettra à un tribunal de prononcer la peine de mort contre les leaders des *Molly Maguires*, se présente lorsque les militants d'une autre mine demandent au groupe local d'effectuer une opération punitive contre un de leurs surveillants particulièrement brutal envers les ouvriers. Le groupe hésite sur la nature de la sanction à appliquer, mais le mineur-détective se prononce sans sourciller pour la sanction la plus lourde : l'assassinat. Durant les péripéties qui suivent, marquées chaque fois par l'intervention inopinée de policiers qu'il a lui-même prévenus, James fait preuve de courage et de dévouement, allant par exemple jusqu'à rechercher un camarade blessé sous les tirs des policiers. Et, à la fin du film, lorsque Jack, le leader, pète les plombs en criant devant la dépouille mortelle du vieux mineur silicosé qui n'a jamais émis la moindre protestation contre son sort : « Émets un son maintenant, vieux bâtard ! nous sommes entre amis, dis-nous ce que tu as gardé pour toi... Un animal émet un son. Regardez-le, ils ne lui ont même pas laissé un costume pour l'enterrer ! », James finit par lui donner la main dans sa frénésie vengeresse pour vider le magasin de la compagnie, avant d'y mettre le feu.

Le surveillant ayant été bel et bien été assassiné, et les leaders arrêtés, l'histoire se terminera comme cela était prévisible par un procès, et par la condamnation à mort de trois militants, dont Jack le leader, sur le témoignage à visage découvert du détective. Mais avant d'en arriver là, James a essayé de dissuader son « ami » Jack d'aller plus avant dans les opérations, à un moment où les faux alibis obtenus pour le jour du meurtre leur auraient encore permis d'échapper à l'arrestation. « Vous ne pouvez pas gagner », insiste-t-il. Mais c'est en vain. Et au tout dernier moment, lorsque le pire est devenu inévitable, James fait ce commentaire : « Depuis le début, Jack, j'ai vu que vous brûliez de l'intérieur. J'en ai vu des comme vous qui perdent la raison pour déchirer le monde. » « Vous mourrez raisonnable », rétorque Jack. Et lui : « Je ne mourrai pas, je vous l'ai dit : je vivrai toujours ». Soit de nouveau l'option de la belle vie très longue, plutôt que celle de la belle mort, défendue ici avec une conviction aussi candide que cynique. Sauf que pour James, une certaine sorte de belle vie est devenue radicalement impossible, comme nous l'apprend l'épilogue.

Ce qui va en effet ruiner son projet de belle vie, ce n'est pas la promesse d'une punition en enfer évoquée par Jack lors d'une visite dans sa cellule peu de jours avant la pendaison. Mais c'est la réaction de sa jeune logeuse, que le détective aimerait bien emmener avec lui dans la position enviable qu'il occupera bientôt à Boston. Cette réaction était en fait prévisible, au vu d'une précédente conversation : « J'ai besoin d'un homme décent », avait dit Mary Raines. Ce à quoi il avait répondu, sans la convaincre : « La décence n'est pas pour les pauvres. Il faut payer pour la décence, vous devez l'acheter… comme une tranche de pain », laissant Mary conclure : « Il y a le bien et le mal ». Quoique James soit sans aucune doute l'homme que Mary aime, et qu'elle aimerait même s'il était condamné à travailler toute sa vie dans une mine, la réponse qu'elle lui fait au moment où il vient confirmer sa promesse de l'enlever d'ici ne lui laisse aucun espoir : « Savez-vous ce qui me rend le plus triste ? Je pensais que je ne pouvais rien faire pour sortir d'ici, et que si quelqu'un pouvait m'offrir ce que je ne pouvais faire seule, je partirais avec lui et je l'aimerais. Mais ce n'est pas vrai, je suis désolée de ne pas pouvoir le faire. Je le voudrais tant ! »

Tout ça, bien sûr, c'est du cinéma, avec des idées de scénario qui ne sont pas toutes aussi bonnes les unes que les autres. Mais c'est précisément le cinéma qui rend l'histoire « édifiante », lorsque « l'image-mouvement [1] » apporte une confirmation narrative à une intuition éthique forte : celle de l'alliance difficile entre le cynisme et la belle vie amoureuse, au XIXe siècle devant une mine de charbon, comme au XXIe dans une métropole capitaliste – malgré le contre-exemple de l'alliance amoureuse délétère de la série *House of Card*. Une raison plausible de ce fiasco est que, si on est capable de trahir ses camarades et ses collègues, on sera probablement enclin à trahir aussi la confiance d'un(e) amoureux(se).

Intérêts mortifères

En-deçà des intérêts hautement moraux ou hautement cyniques, le cinéma peut aussi nous édifier sur les succès et les échecs d'une candeur intime associée à des intérêts beaucoup plus innocents, mais qu'on aurait peut-être mieux fait de ne jamais poursuivre. C'est le cas en particulier de certains désirs de consommations psychoactives, légales ou illégales, favorisés par les incitations du marché et les réseaux communicationnels propres aux sociétés libérales qui libèrent ou débrident certains propensions spontanées des êtres humains. Contrairement au Moyen Âge ou à l'Antiquité, l'âge libéral a ceci de particulier que les espérances de belle vie, n'étant plus l'apanage des élites, peuvent en principe être entretenues par une classe moyenne élargie, voire par la classe ouvrière elle-même, comme c'était le cas à l'époque bénie du fordisme et des « Trente glorieuses ». Entièrement fondé sur une promesse de bonheur pour le plus grand nombre, l'âge libéral permettrait ainsi de réaliser dans la sécurité de la consommation et des droits humains enfin reconnus, l'impulsion vitale qui pousse les êtres vivants à jouir et à se reproduire coûte que coûte – d'où peut-être

1. Voir G. Deleuze, *Cinéma*, tome 1, *L'Image-mouvement*, Paris, Minuit, 1983.

le caractère réputé érotique de son affichage publicitaire, et en tout cas le caractère réellement addictif, au sens destructeur du terme, de certaines pratiques, lorsque des sujets fragiles empruntent des raccourcis périlleux pour bénéficier des promesses du système.

C'est dans ce contexte d'addiction étendue que la production cinématographique se plaît à exhiber les conséquences humaines les moins flamboyantes du libéralisme économique, au travers de la multiplicité des biais susceptibles de ruiner sans rémission la candeur innocente de certains sujets engagés sur une voie de belle vie. Le plus significatif de ces biais est sans doute celui des « paradis artificiels » de l'alcool, des drogues et autres pratiques psychoactives : sexe, jeux, alimentation, travail, expériences-limites, succès narcissiques... [1], car il révèle la structure neurologique de base qui sous-tend la recherche de récompense, ainsi que la posture d'esprit, nommée akolasia par Aristote, qui signe l'adhésion du sujet à son désir, aussi extrême et déréglé qu'il soit [2]. Les drogues et autres activités intenses offrent en effet les perspectives de félicité les plus vives et les plus immédiates et, par là, les plus caractéristiques du rêve de belle vie mis au pinacle par l'âge libéral, lui aussi fondé sur l'intensité et l'immédiateté des récompenses du marché.

Sur ce registre, le film *Requiem for a dream* [3], lui-même tiré d'un roman mémorable [4], constitue sans doute l'expression la plus achevée de l'entrelacement des addictions qui traverse les sociétés libérales. Comme d'autres œuvres classiques sur le sujet, par exemple *Panique à Needle Park* [5], le film présente le récit terrible de l'addiction à l'héroïne d'un jeune homme paumé, mais en mettant en exergue sa parenté avec d'autres addictions moins visibles du monde contemporain. La descente aux enfers du jeune homme est en effet accompagnée du récit parallèle d'une autre descente, celle

---

1. Voir P. Pharo, *Philosophie pratique de la drogue ; Plaisirs et dépendances dans les sociétés marchandes.*
2. Voir *supra*, chap. I.
3. *Requiem for a dream*, Darren Aronofsky, USA, 2000.
4. H. Selby Jr, *Retour à Brooklyn*, trad. fr. D. Mauroc, Paris, 10/18, 1984.
5. *Panique à Needle Park*, Jerry Schatzberg, USA, 1971.

de Sara, sa mère, captée d'abord par des émissions de télévision et un goût envahissant pour la nourriture et les sucreries, puis, lorsqu'elle s'est mise en tête d'apparaître en personne dans son émission préférée, par des régimes alimentaires et des coupe-faim à base d'amphétamines, afin de pouvoir réenfiler la belle robe rouge de sa jeunesse le jour de l'émission. A son rêve de gloire : « Je suis quelqu'un maintenant, dit-elle à son fils, tout le monde m'aime, des millions de gens vont me voir et ils vont m'aimer », correspond le rêve plus terre-à-terre du fils d'ouvrir un restaurant avec sa jolie copine Marion. Et tandis que la mère augmente les doses d'amphétamines pour pallier les effets de la tolérance, le fils engage un deal d'héroïne avec son copain Tyrone pour économiser l'argent nécessaire au restaurant. La montée de l'une est entrecoupée des scènes de l'émission de télé, avec les slogans hurlés par le public : « Be excited ! », « You are the winner ! », auxquelles vont bientôt se mêler les hallucinations de Sara qui se voit au milieu du public dans sa robe rouge. La montée de l'autre est entrecoupée de shoots visualisés en gros plan, avec le piston de la seringue qui descend et le liquide qui se mêle au flux sanguin. Malgré ces horreurs, le rêve de beauté est partout, chez la mère qui rêve de se revoir dans sa belle robe rouge, comme chez le jeune couple : « Je t'aime Harry, dit Marion, tu me fais sentir que je suis une personne, que je suis belle – Tu es belle… tu es mon rêve », répond Harry.

Après les péripéties, là encore, prévisibles : pas d'émission télé pour la mère et plus d'héroïne à dealer pour le fils, la fin de l'histoire est conforme à une sorte de caricature absolue de l'addiction en contexte libéral et marchand. Les quatre personnages : la mère abrutie par les électrochocs, le fils amputé d'un bras à la suite d'une infection liée aux injections, le copain Tyrone qui décroche à la dure dans une chambrée de prison, et la jolie Marion avec la liasse de billets qu'elle vient de gagner par une prostitution particulièrement hard, sont chacun allongés sur un lit en position fœtale. Au biais de l'intoxication intérieure des jeunes gens par des substances psychoactives, correspond ainsi celui d'une intoxication sociale qui manipule la candeur intime des adultes dans le sens d'une illusion mortifère de rêves de grandeur, les deux sortes d'intoxication n'étant au fond que les deux faces d'un même phénomène d'aliénation à des « puissances étrangères » : substances chimiques et incitations sociales psychoactives.

La critique marxiste de l'aliénation capitaliste, reprise aujourd'hui par un néo-gauchisme très radical [1], avait déjà rapproché intoxication neurochimique et intoxication sociale à propos de l'illusion religieuse (l'opium du peuple), dont le mécanisme peut aisément être étendu à d'autres domaines des sociétés marchandes. Cependant, le mécanisme mental qu'on appelle aliénation, soit une sorte d'installation dominatrice et inconsciente d'une puissance extérieure dans l'esprit du sujet, n'est qu'une métaphore (la perte ou la séparation de soi-même) des mécanismes inhérents à la machinerie neurologique complexe du désir et de la conscience de soi. Les cinéastes critiques, sans même parler des philosophes, sont persuadés à juste titre que la plus grande partie de ce que nous pensons vient d'autrui, et en particulier des pressions publicitaires et commerciales auxquelles est soumise la candeur intime de la croyance et du désir. Mais cette aliénation ne rend jamais l'individu complètement étranger à lui-même, même s'il n'a plus aucune maîtrise sur ses propres désirs. Il est en effet difficile pour un sujet d'échapper complètement à l'autonomie de sa propre pensée, réflexive par définition et toujours indexée à une situation subjective unique [2]. On ne peut donc confondre la perte de contrôle sur ce qu'on fait avec la perte de conscience de ce qu'on est, qui est l'aliment le plus profond de la souffrance sociale.

Passions interdites et émancipation imaginaire

Le thème d'une intoxication sociale qui induit des illusions sur les chances personnelles de belle vie, peut aussi apparaître au cinéma sous la forme d'une désillusion radicale et finalement

---

1. Voir par exemple G. Châtelet, *Vivre et penser comme des porcs*.
2. Voir P. Pharo, *Raison et civilisation, Essai sur les chances de rationalisation morale de la société*, Paris, Cerf, 2006.

d'une anorexie affective, tout aussi mortifère que les addictions aux drogues ou aux affichages publicitaires, lorsque le sujet dominé doit céder sur son propre désir. L'autolimitation ou la culpabilité imposée par la société apparaît alors comme la face dominatrice et répressive de l'addiction à des produits ou des formes de vie impossibles, au travers de la répression d'un état ou comportement stigmatisé qui confronte le sujet à un interdit que tout en lui voudrait surmonter. Cette situation a été pendant longtemps caractéristique des pratiques « déviantes » comme l'homosexualité ou l'adultère des femmes, aujourd'hui réintégrées dans l'ordre normal des pratiques, mais elle reste tout à fait actuelle pour les minorités religieuses ou raciales stigmatisées.

Un exemple significatif de ces situations est le film de Todd Haynes, *Loin du paradis*[1], qui présente lui aussi une sorte de caricature de l'idéal de belle vie de la classe moyenne américaine des années 50, tournée avec l'emphase compassée et glacée des films de l'époque : hommes gominés et femmes permanentées déambulant tout en raideur dans le décor kitch d'intérieurs néo-modernes. En l'espace d'un automne prolongé, artistiquement mis en image par le contraste des bruns, ocres et verts foncés d'une fin de saison aussi dorée en apparence qu'elle est intimement étouffante, le film confronte les rêves parallèles des deux parties d'un couple réputé exemplaire et solidement installé dans le confort et les préjugés d'une petite ville du Connecticut. « Qu'est-ce qu'il y a sous la surface ? Qu'est-ce qui se cache derrière les murs ? Qu'est-ce qui emprisonne les désirs du cœur ? », interroge la bande-annonce du film. La réponse vient assez vite lorsque Cathy Whitaker (Julianne Moore), partie avec son petit fichu sur la tête à la rencontre de son mari, le trouve dans son bureau à faire des heures supplémentaires passionnées dans les bras d'un de ses collègues. Sévèrement déconcertée par l'incident et surtout par le fait qu'elle n'a, comme elle dit, « plus personne à qui parler », elle a le malheur de manifester

---

1. *Far From Heaven*, Todd Haynes, USA, 2002. Voir aussi, du même auteur et sur le même registre, *Carole*, USA, 2015.

de la sympathie au nouveau jardinier noir qui vient remplacer son père récemment décédé, ce qui va très vite susciter le qu'en dira-t-on. D'autant que le jardinier ne manque ni de culture artistique, ni d'intelligence, ni d'un charme auquel Madame Whitaker sait se montrer sensible. De son côté, M. Whitaker entame une « thérapie » pour surmonter ses penchants homosexuels. Mais comme on ne surmonte pas aussi facilement un « désir catégorique[1] », la tentative de rabibochage du couple sur le bord d'une piscine d'un centre de vacances est un échec. Et le penchant resurgit lorsqu'un beau jeune homme vient faire des avances au mari.

« Ils étaient faits l'un pour l'autre, pourquoi la société leur dicterait ce qui est bien ou mal ? » dit une femme dans *Le Havre* de Kaurismäki[2], à propos d'un couple qui avait eu un enfant sans être marié pendant les années 50. Cette réflexion pourrait s'appliquer aux couples adultères du film de T. Haynes. Sauf que dans les années 50, il semblait plus facile d'entériner une relation homosexuelle qu'une relation interraciale, puisque le mari a finalement la chance de pouvoir s'installer avec son nouveau copain, tandis que le jardinier noir quitte définitivement la ville avec sa fille. Malgré les tentatives de Cathy pour le retenir, il ne croit pas aux chances d'une relation de ce genre dans un monde où n'importe quel passant peut se croire autorisé à s'interposer dans l'intimité d'un couple qui parle fort dans la rue, si la femme est une blanche et que l'homme est un noir. Au regard du climat libéral et émancipé des sociétés euro-américaines actuelles (jusqu'à quand ?), on pourrait peut-être juger l'exemple anachronique. Il suffit pourtant d'aller voir la jolie comédie de Rachid Djaïdani, *Rengaine*[3], qui montre la persécution à Paris d'une jeune maghrébine et de son copain noir, et qui plus est chrétien, par le chef de sa fratrie musulmane (qui sort lui-même, en secret, avec une juive !), pour prendre la mesure de ce maintien des interdits sur les unions interreligieuses et interraciales, sans même parler des autres stigmates qui frappent les minorités.

---

1. Voir *infra*, chap. VI.
2. *Le Havre*, Aki Kaurismäki, Finlande, France, 2011.
3. *Rengaine*, France, 2010.

Au vu des exemples de ce chapitre, on pourrait avoir l'impression que la candeur cynique résiste mieux, finalement, que la candeur innocente, du moins tant que rien ne vient lui taper sur les doigts, sous forme par exemple d'une législation contenant les dérives de la finance et la corruption politique, ou de désillusions personnelles lorsqu'un tiers significatif renvoie au sujet la sanction de sa dérive morale. C'est pourtant bien comme un hommage à l'irréductibilité d'une candeur intime *réellement* innocente que Roberto Benigni semble avoir conçu son film *La vie est belle*[1]. Ce film-limite, voire sacrilège, mais néanmoins majoritairement salué par la critique, raconte la déportation d'une famille italienne par les nazis, avec un père qui tente de faire croire à son fils qu'il participe à un jeu dont le but est de gagner un char d'assaut. J'ai eu moi-même un peu de mal à me décider à voir ce film mais, le voyant finalement pour les besoins de ce livre, j'ai pris conscience d'une voie vraisemblable et importante de la belle vie, lorsqu'elle devient un refuge purement imaginaire pour les humbles et les opprimés. Dans le monde réel, le fils ne croirait peut-être pas au jeu du père, mais une tentative de ce genre pourrait éviter à l'un comme à l'autre, et d'un commun accord, le pire de l'expérience du pire, en préservant une perspective illuminée dans un univers qui les a toutes déjà exclues. La réussite du cinéma est de parvenir à montrer ici, dans toute sa crudité, le phénomène d'interruption inopinée et inconcevable d'une vie heureuse pour un motif radicalement incompréhensible, dont on connaît bien la logique implacable, mais dont il est toujours difficile de mesurer toute la violence et l'absurdité quand ça tombe sur une existence individuelle. Le personnage du film, Guido, a décidé d'être heureux en riant de tout et en menant tranquillement son existence insouciante. Et comme il est drôle et imaginatif, il plaît aux femmes et n'a aucune peine à ravir celle qu'il aime aux griffes d'un fasciste de la nouvelle Nomenklatura italienne. Il s'ensuit une belle vie tout à fait ordinaire avec enfant et bonheur conjugal, jusqu'à l'intrusion que l'on sait qui interrompt définitivement ce cours d'existence.

---

1. *La vita è bella*, Roberto Benigni, Italie, 1997.

La candeur intime dans la poursuite des intérêts et de la belle vie semble finalement avoir des rôles assez divers à l'âge libéral. A un extrême, elle va servir à justifier, aux yeux des sujets, des catégories d'intérêts qui peuvent être ignobles. A un autre extrême, elle apparaît comme l'ultime rempart des parias contre les violences du monde environnant. Entre ces deux pôles, elle offre l'image d'une extrême fragilité face aux menaces d'une intoxication intérieure par les drogues et autres intensités toxiques, ou celle d'une intoxication sociale par illusion ou culpabilisation du sujet. Vue sous ces différents angles, l'intimité n'est ni une tyrannie qui, sous prétexte d'authenticité, obligerait à se passer des formes civiles instituées (suivant la fameuse analyse de Richard Sennett[1]), ni une pure illusion, qui masquerait les continuités de la vie intérieure et des conduites sociales, mais plutôt un *intérêt primaire*, inhérent à son propre sens de la belle vie, qui permet au sujet de gérer les aléas de sa vie sociale. L'intimité en ce sens serait même l'ultime planche de salut, à condition toutefois que d'autres sujets puissent eux-mêmes y confronter la leur, en ayant l'esprit tranquille, sans avoir l'impression d'y perdre comme on dit « leur âme », c'est-à-dire leurs meilleures espérances de belle vie.

---

1. Voir R. Sennett, *Les Tyrannies de l'intimité*, 1974, Paris, Seuil, 1979.

CHAPITRE V

UN AUTRE MONDE

« Un autre monde est possible », proclamaient les altermondialistes au tournant du XXIᵉ siècle. En-dehors de son intention de rupture avec une « pensée unique » excluant toute alternative au modèle néolibéral, le principal intérêt de cette platitude était de susciter immédiatement la question suivante : lequel ? La réponse, elle aussi, est une platitude : le meilleur ou le pire, dont rien ne permet, en l'état actuel de l'art économique et politique, de calculer précisément les accessibilités respectives : statu quo, révolution, dictatures ou guerre mondiale, catastrophe planétaire ou, pourquoi pas, progrès planétaire, comme l'envisage avec optimisme Daniel Cohn-Bendit dans une tribune sur l'état du monde, le jour de son centième anniversaire, en 2046[1] ? Dans ce domaine, on peut tout imaginer, et même affirmer, comme d'anciens philosophes maoïstes[2], que la « faillite historique » des révolutions d'inspiration « égalitaire », style Lénine ou Mao, n'a été que « provisoire » – quoiqu'on ait toutes les raisons de rester dubitatif sur la perspective d'un avenir radieux à la mode léniniste.

C'est donc seulement quelques exemples d'autres mondes rêvés, sous la forme de l'utopie ou de la radicalité, que je compte explorer dans ce chapitre, avant de considérer pour finir quelques « îles enchantées » qui font rêver sociologues[3], romanciers[4] et amoureux de la nature. Mon but est d'expliquer pourquoi une utopie, comme par exemple la substitution généralisée au capitalisme financier d'un techno-marché équitable et respectueux de la nature, est avant tout une voie *actuelle* de la belle vie, c'est-à-dire une façon de sublimer

1. Voir *Libération*, 26 janvier 2016.
2. Voir A. Badiou, *Libération*, 14 avril 2015.
3. Voir P. Bourdieu, *La domination masculine*, Paris, Minuit, 1998.
4. M. Houellebecq, *La Possibilité d'une île*, Paris, Fayard, 2005.

le présent dans l'espérance d'un avenir meilleur. Exactement comme la gloire à venir est pour Achille une façon de sublimer le présent, par exemple lorsqu'il invective les Troyens du haut de sa palissade. D'autant qu'en philosophie, la question des générations futures a été rendue compliquée par les paradoxes utilitaristes (l'augmentation du bien-être par la simple addition de nouvelles populations[1]) ou de non identité (si nous agissons en faveur des générations futures, elles seront différentes de ce qu'elles auraient été sans cela). Tandis que dans la pratique militante, elle est indiscutablement une voie de satisfaction morale immédiate pour les générations présentes qui espèrent accroître leur confiance dans leur propre forme de vie, grâce à de meilleures pratiques anticipatrices. La récompense morale n'est donc pas dans le constat invérifiable d'un bien-être futur, mais dans le sentiment qu'on peut faire immédiatement et collectivement quelque chose de bénéfique pour les générations futures[2].

Anti-utopies...

L'utopie, qui a toujours été un moyen de la critique sociale et politique, est puissamment entretenue aujourd'hui par les menaces qui pèsent sur l'avenir écologique de la planète et le dégoût suscité par les pratiques du capitalisme financier. Mais elle l'est peut-être surtout par la *sidération* qu'on peut éprouver lorsqu'on sort des limites sociales et géographiques de la belle vie aristocratique promise aux classes moyennes aisées et éclairées. On a de quoi en effet être éberlué et moralement *interdit* – au sens d'une incapacité à penser encore quelque chose digne de l'être – par les formes absolues du dénuement qui prolifèrent autour des sociétés et des classes sociales privilégiées. Peu visibles dans la vie courante, ces situations sont révélées, là encore, par des œuvres cinématographiques qui proviennent du regard de ces mêmes catégories sociales aisées allant

1. Voir D. Parfit, *Reasons and Persons*, 4ᵉ part., Oxford U.P., 1984, G. Arrhenius *et al.*, The Repugnant Conclusion, *Stanford Encyclopedia of Philosophy*, 2006 et 2010.
2. Voir, dans ce registre, *Demain*, le film salutaire de Cyril Dion et Mélanie Laurent, France, 2015.

de la grande bourgeoisie éclairée à la petite bourgeoisie révoltée. Ces révélations entretiennent au plus profond de nous-mêmes, dans le rapport réflexif que nous avons à nos propres joies et plaisirs de vivre, une sourde hostilité contre l'état actuel du monde – comme le font aussi les incapacités de la « communauté internationale » à venir à bout des atrocités de guerre, notamment en Syrie.

Toutes sortes de documentaires réalisés ces dernières années promènent ainsi le regard incrédule et ahuri de leur caméra sur certaines conditions extrêmes de l'existence des « pauvres ». Par exemple, *La mort du travailleur*[1] montre le quotidien d'ouvriers exerçant leurs activités aux quatre coins du monde dans des environnements impossibles : des mineurs Ukrainiens qui exploitent de façon totalement artisanale d'anciennes mines de charbon désaffectées, creusant et rampant sans la moindre sécurité dans des boyaux étroits, dont ils ramènent ensuite le minerai au travers des champs enneigés ; des paysans indonésiens qui montent en vélo sur les pentes d'un volcan en activité et déambulent ensuite entre les fumerolles, dans des paysages à couper le souffle, pour récolter le soufre ; des marchands et employés d'un abattoir à ciel ouvert du Nigeria qui, au petit matin, font chacun leur job en pataugeant dans la boue et les flaques de sang, au milieu des bêtes mortes ou vives ; des chaudronniers pakistanais qui, dans le vacarme étourdissant des pans de navire qui s'effondrent, réduisent en bouts de métal recyclables d'immenses paquebots mis en décharge sur une plage… Dans tous ces reportages, l'esthétique d'une mise en image particulièrement recherchée contraste violemment avec la dureté du travail, tout en paraissant consonante avec la forte motivation des personnes filmées qui, lorsqu'elles sont interrogées, exposent avec conviction leur propre sens de la belle vie, donnant l'impression de vouloir rassurer les réalisateurs inquiets : c'est bien comme cela qu'elles vivent, sans regret, ni remords.

---

1. *La mort du travailleur*, Michael Glawogger, documentaire, Autriche-Allemagne, 2005.

Un autre film tout aussi perturbant, *Au bord du monde*[1], est un voyage dans la nuit parisienne en hiver, qui présente des images fixes de hauts-lieux du tourisme parisien : place de la Concorde, palais du Louvre, Champs-Elysées…, désertés et filmés dans leur splendeur illuminée et glacée, en alternance avec des images de sdf que l'on voit cheminer incognito le long des avenues éclairées en tirant leurs caddies pleins, ou qui font face à la caméra dans de très longs gros plans immobiles. Certains ont disposé leurs tentes près des voies rapides ou s'abritent dans les recoins des passages souterrains, sous la lumière intermittente des phares qui défilent. Un de ces hommes invisibles a élu domicile dans une sorte d'entrepôt enterré sous un pont, où il a reconstitué un confort domestique à la lumière des bougies, mais avec l'angoisse d'être bientôt expulsé. « Je suis trop petite », dit à l'interviewer une femme recroquevillée sur un pont, sous une bâche qui l'abrite de la neige. On la revoit un peut plus tard, avec toujours plus de neige sur elle. Un autre fait ce commentaire : « Bientôt la société deviendra moderne, mais l'homme redeviendra préhistorique[2]. » Le bord du monde, titre du film, est aussi le bord de l'innocence, une limite radicale pour ceux qui ont déchu comme pour ceux qui regardent, exorbités. L'esthétisme vaut ici comme une sorte d'hommage à la noblesse des pauvres, qui ferait pendant à la vilenie des riches enfermés dans leurs tours d'ivoire, ignorant ceux qui titubent sous leurs fenêtres. Lesquels se montrent pourtant plus soumis que révoltés. C'est du reste cette soumission, ou cette résignation, fruit d'une longue habitude de la révolte vaine, qui semble faire leur noblesse.

Sur un mode un peu plus distant, le film *Redemption*[3] accompagne, dans les rues de New York, des ramasseurs de cannettes et de bouteilles en plastique qui chargent leur butin dans d'énormes sacs en plastique transparent, pour les porter ensuite en caddie ou en brouette jusqu'à des machines automatiques qui les rémunèrent en fonction du nombre de récipients avalés – retombée

1. *Au bord du monde*, Claus Drexel, documentaire, France, 2013.
2. Transcrit par P. Murat, *Télérama*, 22/01/14.
3. *Redemption*, Jon Alpertshort, documentaire, USA, 2012.

favorable et inattendue du nouveau marché écologique. Pour ceux qui n'ont pas le regard sociologique suffisamment acéré, ce film est un bon exercice pour les rendre capables de *voir* ce qui se passe dans les rues new-yorkaises, ou celles d'Istanbul, ou encore de Paris lorsque les fins de nuit ou de marchés offrent leurs poubelles pleines à ces glaneurs filmés naguère par Agnès Varda[1] (dans un film à vrai dire nettement plus souriant). Dans *Redemption*, cependant, les travailleurs de la récupération ne se plaignent pas davantage que dans les films précédents, mais vantent au contraire l'intérêt de leur business, celui qu'ils ont trouvé, faute de mieux, se pliant à l'irrémédiable – sans même faire de nécessité vertu, puisqu'ils n'en tirent aucune fierté. Le glaneur d'images, quant à lui, œuvre pour rappeler leurs privilèges aux plus riches, éventuellement leurs devoirs, mais surtout pour les obliger à trouver une place imaginaire pour les « défavorisés » dans leurs propres vies. Or, c'est cette capacité à trouver une place imaginaire pour les défavorisés qui peut faire hurler de honte, de colère ou de désespoir (ou de rire jaune, lorsqu'on ne sait plus quoi faire[2]) tous ceux qui pensent que la seule place décente serait une place *égale*, dont tout laisse penser qu'elle est, pour le coup, une pure utopie. C'est là un paradoxe constitutif de la posture éclairée de ceux qui font les films, comme de ceux qui les regardent : montrer ou voir le dénuement extrême en sachant que tous les moyens qu'on a pour l'abolir : dénonciation, exposition, charité, bulletin de vote ou militantisme, sont inadéquats, au moins dans l'immédiat. Le schème serait proche ici de celui de la recherche sur des maladies graves : ce ne sont pas les malades actuels qu'on va sauver, mais ceux qui viendront plus tard – du moins peut-être, à condition d'avoir assez d'argent, de faire les bonnes découvertes, etc. La vie des chercheurs ou des militants paraît en tout cas plus belle s'ils ont le sentiment de faire quelque chose, plutôt que rien.

---

1. *Les Glaneurs et la glaneuse*, Agnès Varda, France, 1999.
2. Voir la série *Louie*, Louis C.K., USA, FX, 5 saisons depuis 2010.

... Et utopies

On pourrait prendre la remarque précédente sur un mode railleur ou désabusé, dont un exemple nous est fourni par un film ancien d'Alain Resnais : *La vie est un roman*[1]. Celui-ci présente trois images de l'utopie : un conte de fée médiéval avec un prince charmant délivrant une princesse d'un méchant roi qui coupe la tête aux petits enfants ; un tyran aristocrate du début du siècle qui organise avec les invités de son château la naissance d'un nouveau monde : « Tous les rêves seront réalisés, les désirs assouvis, le plaisir de chacun sera le plaisir de tous »... dans le seul but de s'approprier la femme qu'il aime ! Enfin, des personnages des temps modernes, dont les plus sincères ratent ceux qu'ils aiment tandis que le plus cynique rafle tout[2]. Ces trois images pourraient être vues comme trois apologues sur l'utopie : toujours la succession du même lorsqu'un nouveau roi prend la place du précédent ; toujours la dictature personnelle lorsqu'un individu recherche le bonheur de tous ; et toujours, en fin de compte, l'accaparement des biens les plus convoités par les plus malins !

Au milieu du film, un intermède musical donne sans doute la clef de l'utopie (selon Resnais) en faisant chanter par une vieille femme malade, s'adressant au futur roi du conte de fée médiéval, les raisons anti-utopiques de son utopie : « La vermine ronge la terre, tout est sale et sent mauvais. Il pleut tout le temps. Quelques-uns mangent des gâteaux et la plupart mangent de la soupe aux orties et des nouilles. Les honnêtes gens sont en prison, on les torture, on les vole, on tue les enfants, et les assassins sont riches et puissants et gouvernent le royaume... Mais ton heure est venue et tout va changer. Va maintenant..., va rétablir le droit, le bonheur et l'harmonie. Va reprendre à l'homme riche l'argent qu'il a volé et le donner aux pauvres gens... Alors, il n'y aura plus ni poussière, ni saleté, alors tous mangeront des gâteaux tous les jours. On n'aura

---

1. *La vie est un roman*, Alain Resnais, France, 1983.
2. Voir, sur ce registre, R. Frank, *The Winner-Take-All Society : Why the Few at the Top Get So Much More Than the Rest of Us*, Virgin Books, London, 2010.

plus jamais froid, on n'aura plus mal au dos, on ne tombera plus par terre, on pourra vivre cent ans. Va, va, va, c'est le temps du bonheur qui commence ! »

Clairement, Resnais ne croyait pas davantage au slogan de l'utopie sociale : « Amour, bonheur ! » psalmodié pendant tout le film, qu'il croyait aux promesses de la réussite amoureuse dans son ultime opus : *Aimer, boire et chanter*. Mais ses railleries désabusées ne sont pas à comprendre sur un mode cynique qui conseillerait par exemple de faire le contraire de l'idéal d'égalité et de bonheur, à la façon des sophistes que combattait Socrate. Elles s'énoncent plutôt sur le mode aigre-doux d'une confiance contemporaine en l'avenir devenue radicalement circonspecte au vu des expériences du XXe siècle. Or, cette circonspection est aujourd'hui le point de départ nécessaire de tous ceux qui cherchent à repenser l'engagement politique sur un mode démocratique et progressiste (si l'on peut encore utiliser ce terme), comme par exemple les nouveaux partis de gauche du style Podemos en Espagne ou Siriza en Grèce, dont le point commun est au fond de rejeter la suprématie de la *réaction* – cible beaucoup moins ambiguë que celle de « libéralisme », dont le terme est aujourd'hui galvaudé. Toutefois, cette promesse ne suffit pas à calmer la colère des plus révoltés qui rejettent avec autant de vigueur la démocratie sous toutes ses formes (y compris socio-écologique) que le libéralisme économique, au nom de leur sentiment d'injustice.

Hippies, gauchistes, zadistes, etc.

La filiation entre les gauchistes des années 60 et ceux des années 2015 pourrait sembler assez évidente lorsqu'on compare la radicalité de certains opuscules antilibéraux actuels à celle par exemple des situationnistes de la grande époque[1]. Toutefois, malgré leur contestation très radicale, et parfois violente, de l'ordre capitaliste, les soixante-huitards, hippies, et autres activistes califor-

---

1. Voir *Internationale Situationniste*, (texte intégral n° 1 à 12, juin 1958 à septembre 1969), Paris, Champs-libre, 1975.

niens ne faisaient sans doute qu'exprimer la philosophie profonde de l'âge libéral lorsqu'ils affichaient leur volonté de « vivre intensément » et de « jouir sans entraves »[1]. On le voit par exemple dans le désordre bon enfant, soigneusement organisé à l'américaine, du film *Woodstock*[2], qui montre la joie paisible et communicative des participants au festival de Woodstock, en août 1969, autour des plus grands noms de la musique pop tels Jimi Hendrix, Joan Baez ou The Who ; ou encore dans des œuvres littéraires comme *Les Chroniques de San Francisco*[3] qui mettent en scène un modèle de classe moyenne jouisseuse et délurée, qui essaie simplement de conjurer l'intolérance d'une classe moyenne plus straight, tout en faisant face à ses propres risques d'autodestruction. Les soixante-huitards ont été effectivement tentés par les activités limites sous la forme notamment du recours à une violence révolutionnaire qui, au cinéma[4] comme en littérature[5], continue de hanter les acteurs longtemps après les événements, et plus souvent encore d'une quête des expériences et des plaisirs extrêmes plus ou moins faciles à domestiquer. On le voit par exemple dans le film-culte de Barbet Schroeder, *More*[6], dont le personnage principal déclare, au début de son aventure dans l'enfer ensoleillé de l'héroïne, en compagnie de la belle Mimsy Farmer : « Pour moi ce voyage était une quête… Je voulais vivre, brûler tous les ponts, les formules, tant pis si je me brûlais aussi. Je voulais la chaleur, le soleil et je partis à sa recherche ».

Sans être à l'abri de ce genre de dérive, les gauchistes actuels : zadistes et autres autonomes, semblent surtout hésiter entre d'un côté la reconstitution bon enfant d'un Moyen Âge éclairé par EDF, Internet, les smartphones et la techno-écologie – infiniment plus

1. Voir Y. Lescot et P. Pharo, *Mentalité et philosophie du gauchisme de mai 68*, thèse de doctorat de 3ᵉ cycle en sociologie de la connaissance, Université Paris VII, 1977.

2. *Woodstock*, Michael Wadleigh, documentaire, USA, 1970.

3. A. Maupin, *Les Chroniques de San Francisco*, 8 vol., Paris, 10/18, 1998 *sq*.

4. Voir par exemple *Sous surveillance*, Robert Redford, USA, 2012.

5. Voir par exemple P. Roth, *Pastorale américaine*, trad. fr. J. Kamoun, Paris, Gallimard, 1999.

6. *More*, Barbet Schroeder, France-Allemagne-Luxembourg, 1969.

souriant que celui reconstitué dans la série *Game of Thrones*[1] –, et de l'autre un romantisme néo-anarchiste appelant les communes insurrectionnelles à se regrouper dans une sorte d'armée anti-Œdipe fusionnelle, en vue d'abolir définitivement tout gouvernement de la société. Les premiers passent de longues vacances militantes, besogneuses et instructives dans des « zones humides » et autres « zones à défendre », menacées par des projets économiques dont le point commun est de transformer profondément les équilibres naturels d'une zone rurale protégée. Il en est ainsi de cette jeune fille de vingt ans interviewée sur une vidéo du *Nouvel Observateur*[2] et installée dans la forêt de Roybon pour s'opposer à un projet de Center Parc, avec l'accord de ses parents qui « préfèrent la voir dans un apprentissage constant plutôt que devant la télé à se lobotomiser le cerveau ». Rayonnante et chaudement emmitouflée dans de gros châles, elle exprime avec un grand sourire et beaucoup de candeur le sens de son engagement en faveur des zones humides : « il n'y en a pas tant que ça, il faut les défendre… Mon rêve, ajoute-t-elle, serait de pouvoir produire mon miel, mon fromage de chèvre, faire un petit peu tout moi-même avec mes petites mains. Et tout ce que je ne peux pas faire… serait dans un fonctionnement de troc local. Le message que j'ai pour les gens qui sont pour Center parc, et tout ce qui se dit…, que vous allez trouver de l'emploi et de la commercialisation sur les communes alentour, eh bien tout ça, c'est faux ! Vous n'allez voir personne, il y aura juste 5600 touristes de luxe qui vont arriver dans la forêt de Chambaran installer leurs petites fesses bien au chaud sur un cocon chauffé toute l'année. Et voilà, ça va faire du gaz, de l'électricité, de l'eau polluée, plein de trucs en plus qui vont arriver en masse. Ce n'est pas du tout habituel pour un lieu de recevoir autant de gens d'un coup, ça ne se fait pas, ce n'est pas dans les choses habituelles du fonctionnement de la vie. Et les emplois… vont être à temps partiel. »

1. *Game of thrones*, David Benioff and D. B. Weiss, série télévisée, HBO, USA, depuis 2011.
2. http://tempsreel.nouvelobs.com/societe/20141212.OBS7717/portraits-de-zadistes-je-fais-partie-des-bisounours-de-roybon.html

Le désir de « vivre autrement » de cette jeune fille, et des zadistes en général, fait écho au mot d'ordre « changer la vie » des soixante-huitards (ultérieurement dégradé en slogan électoral pour le parti socialiste), tout en retrouvant l'inspiration communautaire de l'époque, mise en scène dans certains films sur l'après-68[1]. On peut penser ici au souriant Arlo Guthrie du film *Alices's restaurant*[2], qui participait avec entrain à la communauté de marginaux regroupée autour d'Alice et de ses amours dans une église désaffectée, entre concerts de folksong et virées à New York pour assister dans ses derniers instants son vieux père. Lequel n'était autre que le fameux chanteur de country Woody Guthrie, devenu célèbre au temps de la Grande Dépression, et dont la guitare portait l'inscription : « This machine kills fascists[3] ». Chez le fils, l'envie de meurtre, ne fût-ce qu'avec une guitare, a complètement disparu, une des particularités de son film étant justement de montrer la conquête progressive par la petite bande de hippies de l'opinion locale, qui passe de l'hostilité pour les marginaux : « Gardez l'Amérique belle, coupez-vous les cheveux ! », à la sympathie intéressée pour la cuisine d'Alice. Le ton général du film est donné par les démêlés du groupe avec un officier de police locale plutôt débonnaire, et un juge aveugle qui se contente de condamner la joyeuse bande à rapporter dans une décharge légale les ordures déposées dans la nature (horreur impensable, je suppose, chez les gauchistes actuels). Et lorsque les choses risquent de tourner mal, pour cause de suicide d'un accro à l'héroïne, le seul commentaire d'Alice et de ses amis est que « notre beauté ne transparaissait pas assez, on n'était peut-être pas si beaux ces derniers temps... On va jeter des fleurs dans le ciel, tout le monde saura que le bonheur existe sur terre ».

Cet optimisme ne fut sans doute pas partagé par tous les hippies de l'époque, comme en témoigne par exemple le film *Easy Rider*[4], lorsqu'après pas mal d'embrouilles avec les habitants des zones

1. Voir par exemple Olivier Ducastel, Jacques Martineau, *Nés en 68*, France, 2008.
2. *Alices's restaurant*, Arthur Penn, USA, 1967.
3. D'après Wikipedia.
4. *Easy Rider*, Dennis Hopper, USA, 1969.

traversées, les deux motards du road movie, fumeurs de cannabis et trafiquants occasionnels de cocaïne, sont froidement abattus par un méchant petit chauffeur de pick-up qu'ils ont eu le malheur de croiser sur leur route. Toutefois, des figures comme celles d'Arlo Guthrie, ou celles encore des anonymes et futures célébrités du film de Jacques Doillon *L'An 01*[1], qui décident un jour de tout arrêter pour réfléchir joyeusement et paisiblement sur comment tourner la page du capitalisme, expriment assez bien le sens profondément intégrateur de l'esprit de Mai 68, ainsi que sa réconciliation promise avec le libéralisme pratique et politique – sinon économique sous sa forme néolibérale.

Si l'on en croit les dossiers de presse, les relations actuelles des zadistes avec les populations de Notre Dame des Landes, de Roybon ou de Sivens, ne sont pas toujours aussi détendues que dans *Alice's restaurant*, malgré la bonne humeur et le pacifisme revendiqué par une large partie du mouvement. Les affrontements réguliers avec la police dans les zones à défendre ou autour des grands sommets politiques, permettent aux plus radicaux d'exprimer gaiement un goût immémorial de la violence et de l'émeute que les sentiers contemporains de la gloire, brutaux mais policés, ont vainement tenté d'annihiler. Sans doute ne s'agit-il pas tant ici du meurtre du père, comme le disent certains critiques[2], que d'une réaction à la violence bien réelle des forces de l'ordre, soulignée par de nombreux témoignages[3], cette réaction étant aussi une façon de répondre à l'appel immémorial des dieux à la gloire immortelle du combat.

« L'insurrection qui vient »

La guerre retrouve en effet toute sa place dans les théories insurrectionnelles des néo-anarchistes du temps, qui acceptent avec joie la guerre civile, « y compris entre nous », « parce qu'elle est

1. *L'An 01*, Jacques Doillon, France, 1973.
2. Voir P. Bruckner sur le plateau de l'émission « Ce soir ou jamais » de France 2, face à Mathieu Burnel, le 31 octobre 2014, www.youtube.com/watch?v=ts4d-V6XwX8
3. Voir *Libération*, « Qui êtes-vous, zadistes ? », 1er et 2 novembre 2014.

compatible avec l'idée que nous nous faisons de la vie (…) A la question "Votre idée du bonheur ?", Marx répondait "Combattre". A la question : "Pourquoi vous battez-vous ?", nous répondons qu'il en va de notre idée du bonheur[1]. » Ce qu'annoncent ainsi, d'une plume acérée, les auteurs cachés derrière ce « Comité invisible », ce sont des « événements à venir » qui entraîneront la destruction des métropoles et de la civilisation capitaliste : adieu Babylone ! – comme le disent aussi, à leur façon, les djihadistes[2].

L'originalité politique de ces néo-anarchistes tient à une vision de la révolution homologue au capitalisme, considéré comme une infrastructure immanente à la vie sociale et subjective des producteurs et des consommateurs qui en sont profondément imprégnés, même quand ils l'ignorent. Dans ce schéma, qui fait un peu penser aux rhizomes (ces radicules qui unissent les plantes par en-dessous) de Gilles Deleuze et Félix Guattari[3] (le premier est d'ailleurs cité sous le titre flatteur de « camarade[4] »), le capitalisme est partout, et c'est donc partout qu'on doit le traquer. Quant au gouvernement, n'importe quel gouvernement, il ne peut être qu'une coque vide, puisque le seul fondement du pouvoir est un mécanisme cybernétique qui profite à une minorité, mais que tout le monde entretient par ses pratiques quotidiennes. Pour inverser le sens aliénant de cette participation, les réseaux sociaux qui unissent entre eux les militants, sont considérés comme étant beaucoup plus qu'un moyen de mobilisation. Ils deviennent un véritable modèle d'organisation politique qui permettrait, à l'avenir, de fonder l'enchevêtrement horizontal des communes en se substituant à des gouvernements dont on n'aura plus rien à faire.

Il existe du reste aujourd'hui une version économique de ce modèle, à vrai dire beaucoup plus pacifique, chez les théoriciens qui croient à une éclipse prochaine du capitalisme grâce au développement partageux de « communaux collaboratifs » fondés

---

1. Comité invisible, *A nos amis*, Paris, La Fabrique, 2014, p. 169.

2. Voir *infra*.

3. Voir G. Deleuze et F. Guattari, *Capitalisme et schizophrénie 2 : Mille plateaux*, Paris, Minuit, 1972.

4. Comité invisible, *A nos amis*, *op. cit.*, p. 232.

sur la communication par Internet (livres, musiques, images…),
l'autoproduction d'énergie (panneaux solaires, éoliennes et autres)
et la fabrication d'objets avec des imprimantes en 3D… Toutes ces
activités tendraient à ruiner les ressorts traditionnels du capitalisme
en raison de leur coût marginal de plus en plus bas [1] – à condition
toutefois que ces moyens d'assèchement du capitalisme (matériaux,
machines intelligentes…) puissent eux-mêmes être produits suivant
la même logique communaliste.

Les auteurs du « Comité invisible » savent du reste se montrer
aussi circonspects que d'autres critiques de la société sur les
chances de leur révolution espérée, n'ignorant rien apparemment
des embûches morales qui guettent toute révolution en termes
d'accaparement du magot par les plus filous : « Qui a des rapports de
merde ne peut mener qu'une politique de merde [2] », proclament-ils
sans ambiguïté. Ce souci éthique, affirmé notamment à l'encontre de
ce qu'ils appellent « l'impérialisme occidental… du relativisme »
qui considère comme un scandale « toute affirmation qui ne tremble
pas [3] », serait censé les préserver des dérives sectaires et totalitaires
qui menaçaient la candeur des anciennes communautés hippies et
rurales. Celles-ci connurent souvent en effet un destin funeste en
devenant le champ de manœuvres sociales et sexuelles de quelques
illuminés – dont certains thrillers, comme par exemple *Martha
Marcy May Marlene* [4], permettent de se faire une idée. Sans même
parler de la prise du pouvoir par la parole des bavard(e)s les plus
talentueux(ses) dans les assemblées et mouvements post-soixante
huitards, style MLF et autres [5]. C'est du reste à ces dérives
que voulaient parer les nouvelles méthodologies de discussion
démocratique des « Nuits debout » parisiennes et d'autres villes de
2016.

1. J. Rifkin, *La nouvelle société du coût marginal zéro L'internet des objets,
l'émergence des communaux collaboratifs et l'éclipse du capitalisme*, Paris, Les
liens qui libèrent, 2014.
2. *Ibid.*, p. 167.
3. Comité invisible, *L'insurrection qui vient, op. cit.*, p. 77-78.
4. *Martha Marcy May Marlene*, Sean Durkin, USA, 2011.
5. Voir J.-P. Le Goff, *Mai 68, l'héritage impossible*, Paris, La Découverte, 2006.

Ce qui plaît en tout cas aux néo-anarchistes, c'est l'amitié des mouvances de communes auto-subsistantes qui n'auront plus rien à voir avec l'ancien monde, car elles ne feront pas le moindre compromis avec la loi commune et l'économie de marché. L'excellent film de Nicolas Pariser, *Le grand jeu*[1], donne, à côté d'une intrigue intéressante sur les arcanes du pouvoir politique, une illustration assez crédible de l'ambiance morale de certains groupes repliés en zone rurale, et en particulier de leur difficulté à comprendre que l'écroulement du monde capitaliste qu'ils croyaient imminent mette autant de temps à se produire. Toutefois, lorsque certains membres de ces communautés sont tentés par le recours à la violence, comme on le voit dans un autre film, *Night Moves*[2], qui met en scène le sabotage d'un barrage hydro-électrique par des militants écologistes, les groupes en question ont peu de chance de se reconnaître dans cette dérive éco-terroriste, car ce n'est pas de cette façon qu'ils entendent changer le monde. C'est probablement le cas aussi des habitants des « sustainable houses » que l'on peut apercevoir au Nouveau Mexique autour du Rio Grande : villages de maisons auto-subsistantes construites dans le désert avec des pneus de récupération et des culs de bouteille, qui n'hésitent pas, pour leur part, à se financer, entre autres, par le tourisme et les emplois tertiaires.

C'est sans doute l'extension de leur suspicion aux programmes des partis d'extrême-gauche, aux écologistes organisés, aux « milieux » militants, à toute forme d'institution durable, à l'économie, fût-elle alternative, et (réminiscence du rousseauisme) à tout ce qui n'est pas la commune en acte, y compris la lutte armée qui reconstituerait inévitablement les anciennes dynasties et couperait les groupes révolutionnaires de leurs mondes éthiques naturels, qui rend ces néo-anarchistes aussi romantiques, insaisissables et sympathiques pour tous ceux qui partagent un même dégoût pour le cynisme et l'hypocrisie de la politique et des affaires dans les démocraties libérales. « Le premier devoir des révolutionnaires, affirme avec

---

1. *Le grand jeu*, Nicolas Pariser, France, 2015.
2. *Night Moves*, Kelly Reichardt, USA, 2013.

force le Comité invisible, est de prendre soin des mondes qu'ils constituent[1] », condition indispensable pour « que vienne un temps dont on s'éprenne[2] », comme ils le disent poétiquement. Comment pourrait-on dire ou souhaiter le contraire, même quand on n'est pas soi-même révolutionnaire ?

Il est bien possible cependant qu'en cas d'effondrement de la civilisation, la version de l'anarchie proposée par Jean Rolin dans son livre *Les événements*[3], qui évoque davantage le modèle syrien d'une désagrégation totale de la société qu'une nouvelle Abbaye de Thélème, soit l'issue la plus probable de l'insurrection des communes « éthiques » et « sensibles ». Tout simplement parce que celles-ci ne seront pas les seules à vouloir faire la guerre. Et on sait ce qui s'ensuit pour l'existence des civils et des gens ordinaires lorsque plusieurs factions décident de se faire la guerre. D'autant que les programmes annoncés de réforme de la psyché : en finir avec l'être de besoin, le quant à soi, l'isolement, le calcul, le pacifisme…, ont toutes chances de trouver dans la société, et même chez certains de ceux qui portent le projet, des résistances si fortes que seule l'extension totalitaire du programme à ceux qui n'en veulent pas, parce qu'ils se font une autre idée de la belle vie, permettrait d'en assurer le succès. Succès qui serait alors forcément précaire puisqu'on ne peut imposer sans violence à des individus ce dont ils ne veulent pas pour eux – ce qui demeure tout compte fait l'argument majeur et indépassable du libéralisme pratique.

Un autre Moyen Âge

Dans un film de Yamina Bachir[4], qui émerge parmi beaucoup d'autres sur le même sujet[5], Rachida est une institutrice algéroise qui, chaque matin, cheveux au vent, quitte le domicile maternel

1. Comité invisible, *A nos amis*, *op. cit.*, p. 196.
2. Comité invisible, *L'insurrection qui vient*, *op. cit.*, p. 69.
3. J. Rolin, *Les événements*.
4. *Rachida*, Algérie, 2002.
5. Voir aussi les excellents *Bled Number One* de Rabah Ameur-Zaïmeche, France, 2006, *Le Repenti* de Merzak Allouache, Algérie, 2012.

et emprunte le téléphérique de Belcourt pour rejoindre son école. Jusqu'au jour où de jeunes garçons, dont la particularité est de ressembler à n'importe quel jeune d'une grande métropole des années 80 : bluejean, tee-shirts colorés, cheveux longs et queues de cheval, lui demandent de déposer un colis piégé à l'intérieur de son école. Comme elle refuse, l'un d'eux lui tire une balle dans le ventre. Emmenée à l'hôpital par des passants, elle est sauvée et ne garde aucune séquelle physique de l'attentat. Moralement, cependant, elle ne s'en remet pas : « Je suis morte de peur », dit-elle. Parmi ses agresseurs, elle a reconnu l'un de ses anciens élèves et, pendant tout le film, elle se demandera pourquoi « Sofiane s'en est pris à elle ». Réfugiée au bled avec sa mère, elle obtient finalement sa mutation dans le village et tente de retrouver goût à la vie en reprenant son travail d'institutrice. Mais c'est difficile. Le village fait régulièrement la cible de razzias menées par des groupes armés qui la terrorisent, ainsi que les autres habitants : « Ne leur en veux pas, dit quelqu'un, la peur est dans la nature de l'homme. – Le courage aussi », rétorque un autre. Une jeune fille kidnappée par les djihadistes réapparaît un jour dans le village, mais son père la renie pour cause de déshonneur... Optimiste, le film se termine néanmoins par des bulles de savon que les enfants envoient, pendant le cours, en direction de leur institutrice.

Le retour du Moyen Âge qui terrorise Rachida, ainsi que des millions de gens au travers du Moyen-Orient, est très différent du rêve rural et pastoral dont le modèle enchanteur de vie champêtre a traversé tout l'Occident, à commencer par les chevaliers médiévaux eux-mêmes [1], jusqu'aux zadistes et écologistes contemporains. L'injustice sociale et la marginalisation des minorités dans les sociétés libérales font certainement partie des causes de mobilisation en sa faveur d'un nombre important de jeunes gens des pays arabes et occidentaux [2]. Mais ce qui caractérise en propre ce mouvement est d'être à la fois une source d'attraction, pour cause de pureté

---

1. Voir J. Huizinga, *Le déclin du Moyen Âge*.
2. Voir S. Atran, *L'Etat islamique est une révolution*, trad. fr. P. Riché, *L'Obs Monde*, 2.2. 2016, en ligne.

morale et de retour à une inspiration religieuse supposée originaire, et de terreur, y compris pour ceux qui le soutiennent – comme le dit le jeune médecin d'un autre film algérien[1] : « Un autre monde m'attire, il est fait de spiritualité, d'idéal et de pureté, mais il est terrible, j'ai peur ». Le prix à payer pour l'accès à ce monde de pureté et de vertu est en effet rien moins que le renoncement à toute récompense qui ne serait pas consacrée par une parole divine, dont les plus brutaux, comme souvent en pareil cas, sont devenus les seuls dépositaires. Comment pourrait-on ne pas avoir peur? Cependant, une fois qu'elle a été surmontée ou digérée, c'est aussi cette peur qui semble devenir le meilleur ciment d'un engagement aussi impitoyable pour l'ennemi qu'il l'a été pour soi-même.

De fait, le Moyen Âge des islamistes radicaux ne peut être égalé dans son outrance et son horreur que par des représentations mythiques du genre de la série *Game of Thrones*[2], dont les décapitations, massacres de prisonniers et tortures perverses semblent directement inspirées par l'actualité d'Al-Qaïda ou de Daesh. On a quelques exemples de ces horreurs : ligotage au fil de fer barbelé, décapitation à la scie, égorgement ou viol des femmes... dans le film *El Manara*[3], qui relate sous le mode du thriller (mais avec une facture cinématographique moins aboutie que *Rachida*), l'apparition du FIS (Front Islamique du salut) en Algérie, et l'organisation des maquis djihadistes après l'arrêt du processus électoral. Les témoins du phénomène de contagion sont une jeune sociologue, qui entreprend une thèse sur Al Manara, fête traditionnelle de la ville de Cherchell célébrée à l'occasion de l'anniversaire de la naissance du prophète, et ses deux colocataires, sortes de Jules et Jim à la manière algéroise, qui finiront par se déchirer lorsque le médecin est happé dans la mouvance du FIS, et que le journaliste a le malheur d'être arrêté sur une route par un barrage djihadiste.

---

1. *El Manara*, Belkacem Hadjadj, Algérie, 2004.
2. *Game of thrones*, David Benioff and D. B. Weiss, série télévisée, HBO, USA, depuis 2011.
3. *El Manara*, Belkacem Hadjadj, Algérie, 2004.

Le processus décrit dans le film relève tout à fait du modèle d'épidémiologie des représentations élaboré par Dan Sperber[1] sur la base de la théorie de l'évolution. Suivant ce modèle, les éléments narratifs d'un conte valent comme équivalents des gènes biologiques pour évoluer en fonction de la sélection par l'environnement des transformations aléatoires du conte. La religion musulmane, historiquement universaliste, prosélyte et préparée au djihad contre les ennemis de la foi (même si le djihad peut aussi, suivant les auteurs, être purement intérieur[2]), semble prédisposer les croyants à recevoir un message qui se présente comme l'expression authentique de ce qu'est l'être et le devoir-être de tout bon musulman. A cela s'ajoutent, dans le contexte algérien, la déréliction et la rancœur vis-à-vis du régime en place pour faciliter l'extension d'une maladie idéologique contre laquelle d'autres groupes humains pouvaient paraître encore immunisés – jusqu'à ce que Houellebecq[3] s'amuse à prophétiser le contraire dans son roman sur la conversion des universitaires.

Le fait est que les frustrations, l'ennui, et les indignations suscitées dans les pays occidentaux par les injustices du capitalisme et la liberté des mœurs peuvent aussi faciliter l'apparition de la maladie chez des non musulmans. Le film documentaire anglais, *Les soldats de Dieu*[4], montre ainsi le parcours d'un Anglais « de souche » converti d'abord à l'islamisme radical, puis à l'action armée, et filmé par un frère incrédule et désespéré. « On défend le bien, on combat le mal, on célèbre la parole d'Allah », proclame le néo-converti, qui évite de tendre la main droite à son frère pour ne pas risquer d'être contaminé par l'impureté du mécréant. Un de ses camarades explique ainsi le sens de sa conversion : « On buvait tous les week-ends et on prenait toutes sortes de drogues. Un jour je me

---

1. D. Sperber, *La contagion des idées*, Paris, Odile Jacob, 1996. Voir aussi R. Dawkins, *Le gène égoïste*, trad. fr. L. Ovion, Paris, Odile Jacob, 1990.

2. Voir Louis Gardet, Djihad, *Encyclopædia Universalis*, en ligne sur http://www.islam-pluriel.net/islam/djihad

3. M. Houellebecq, *Soumission*.

4. *Les soldats de Dieu*, Robb Leech, Grande Bretagne, 2011 et 2014.

suis réveillé avec une énorme gueule de bois et je me suis dit : la vie, ça ne peut pas être juste se soûler tous les week-ends. Ça n'a pas de sens de vivre comme ça et puis de s'endormir pour l'éternité ».

Dans son livre sur *Le désintéressement*[1], Jon Elster passe en revue une série de candidats à l'explication, non pas du fondamentalisme musulman, mais des attentats suicides et missions sans issue, forme exacerbée du radicalisme islamiste, dont celui-ci n'est du reste pas l'inventeur (voir les kamikazes japonais pendant la seconde guerre mondiale), ni l'unique promoteur (voir les Tigres Tamouls). Voici la liste qu'il propose : « 1. Ne rien avoir à perdre. 2. Une disposition suicidaire préexistante. 3. L'intérêt du salut. 4. L'altruisme familial. 5. Les motivations sociales. a) Le désir de vengeance. b) La pression des pairs. c) La pression des supérieurs. d) Le désir de gloire ou de rédemption posthume. 6. Le désir de l'agir[2]. » Elster écarte une à une ces différentes motivations au profit de sa thèse générale sur le désintéressement, tout en notant que « les motivations désintéressées tirent une grande partie de leur force d'un complexe émotionnel qui inclut non seulement le sentiment d'humiliation et la passion de la vengeance, mais également un désir de gloire posthume[3] », et en insistant sur l'encadrement de ces pratiques « par un processus de préparation très élaboré[4]. » Il réintroduit ainsi *in fine*, et contre sa propre thèse, certaines des récompenses psychiques inhérentes à toute motivation intéressée, en particulier la gloire qui n'est pas pour rien dans le goût contemporain pour cette sorte de retour au Moyen Âge. Mais il souligne aussi à juste titre l'importance de l'encadrement des individus par l'organisation, dans laquelle on entre par sympathie religieuse et idéologique, mais dont on suit ensuite les ordres par un mélange d'emprise et de sidération qui rend impossible tout retour en arrière – les témoignages sur l'Etat islamique concordant sur le fait que les « apostats » n'y sont pas vraiment bien traités.

1. J. Elster, *Le désintéressement*.
2. *Ibid.*, p. 224.
3. *Ibid.*, p. 241.
4. *Ibid.*

Evoquée par Elster, l'histoire du paradis et des 72 vierges « aux yeux noirs » promises au martyr et dont se gargarisent les sites islamophobes et d'extrême-droite, demeure significative, malgré son caractère caricatural, de ce que peut représenter le salut pour un individu conduit à la déréliction par sa perception du monde environnant, réduit aux injustices occidentales et antimusulmanes. Cet individu doit en outre renoncer à bon nombre de récompenses terrestres, auxquelles il ne peut substituer la fraternité combattante, le viol et la tuerie, que parce qu'il est en même temps hypnotisé par la promesse du salut. Le salut dans l'extase édénique a toujours attiré les croyants[1], non pas tant pour sa réalité future, invérifiable par définition, que pour sa puissance imaginaire dans le moment présent. Un roman slovène raconte ainsi la guerre sainte, au XI e siècle, d'une secte chiite contre les occupants turcs et sunnites, et la façon dont on prépare les Haschichins (assassins) aux sacrifices, en les gorgeant de haschich et en les livrant aux félicités d'un harem terrestre, simulacre du paradis futur. Son auteur prête à un vieux sage le discours suivant : « La pitié seule poussa [Mahomet] à promettre [aux multitudes] le paradis en paiement de tout ce qu'ils souffriraient en ce monde et dans l'autre... Il savait qu'ils s'entretueraient de toute façon et il voulait leur assurer tant bien que mal un certain bonheur sur la terre... Le peuple est content de ses petits aises. Si tu n'as pas la clef qui lui ouvre le paradis de son vivant, il vaut mieux abandonner toute idée de devenir son prophète[2] ».

Certes, si on croit un tant soit peu aux félicités terrestres, on a toutes les raisons de douter du simulacre, et le cas échéant de renoncer au sacrifice, comme c'est le cas par exemple d'un personnage d'un autre film sur le djihad, *Les chevaux de Dieu*[3], qui abandonne ses compagnons au moment de commettre les attentats-suicides qu'ils ont préparés à Casablanca. Cette défection ultime fut aussi le cas de bon nombre de « repentis » algériens, comme le médecin du film *El Manara*. Mais du point de vue de ses acteurs, sinon des stratèges,

---

1. Voir M. Weber, *Sociologie de la religion*.
2. V. Bartol, *Alamut*, trad. fr. C. Vincenot, Paris, Phébus, 1988, p. 205-206.
3. *Les chevaux de Dieu*, Nabil Ayouch, Maroc, 2012.

le djihad ne relève pas de la pure raison instrumentale, ni du reste d'une rationalité morale désintéressée – on aurait en effet du mal à imaginer ce qu'il y a de moral à découper les têtes à la scie. Il relève plutôt d'une compulsion d'enivrement qui, davantage que le désintéressement, évoque le retour incoercible de l'héroïnomane vers le seul objet susceptible de le faire encore remonter dans son illusion de la belle vie, même lorsqu'il est terrorisé par les conséquences.

Les îles enchantées

Le djihadisme est l'exemple contemporain le plus consternant de l'extrême variété des mondes imaginaires où peut se nicher le rêve de belle vie, confondu ici avec celui de la belle mort comme voie royale vers le salut. Il n'est pourtant pas nécessaire de considérer le reste du monde comme un ramassis de porcs et de dégénérés, ni même d'appeler à un « soulèvement généralisé », comme le font les néo-anarchistes du Comité invisible, pour pouvoir accoster sur une « île enchantée », au sens d'une zone-refuge « à défendre », à cultiver et à promouvoir contre l'envahissement de l'existence par la technologie et le marché, qu'il s'agisse d'un exercice spirituel, d'une rêverie intérieure, d'une expérience religieuse, d'un cours de Vipassana (méditation indienne), d'un stage de woofing (séjour actif dans une famille rurale), d'une utopie champêtre ou communautaire, d'un projet d'exploration de la nature, d'une aventure sportive, d'un espace musical ou artistique, d'une méthode de communication avec les animaux…

Le simple tournage d'un film, lorsque c'est Michael Lonsdale qui joue le rôle du réalisateur, peut donner cette impression d'île enchantée. Dans *Maestro* [1], le vieil acteur incarne un personnage inspiré d'Eric Rohmer tournant, à la fin de sa vie, son dernier film, baroque et en costume : *Les Amours d'Astrée et de Céladon* [2]. Le héros du film de Rohmer : Jocelyn Quivrin, tué en voiture deux ans après le tournage, et coauteur avec Léa Frazer du projet du

---

1. *Maestro*, Léa Fazer, France, 2014.
2. *Les Amours d'Astrée et de Céladon*, France-Espagne-Italie, 2007.

film *Maestro* qu'il devait lui-même interpréter, est représenté par un jeune acteur (Pio Marmai) qui rêve de films d'action et d'une carrière hollywoodienne, mais doit se contenter d'un film d'auteur à petit budget. En-dehors des paysages de rochers et de rivières du Berry, et d'une jolie romance qui se noue avec la jeune actrice du film, l'île enchantée surgit au travers du roman d'apprentissage d'un jeune acteur inculte et maladroit – capable de répondre sur son portable quand il est dans le champ de la caméra! –, mais qui se laisse toucher par la grâce et la bienveillance du vieux réalisateur imperturbable, amusé, et en fait séduit par tant de gaucherie. Le grand moment de cinéma se produit lorsque Lonsdale, pour la seule fois du film, se lève de son fauteuil de metteur en scène afin d'expliquer, les yeux dans les yeux, une scène importante à son acteur. A un autre moment, comme le jeune homme dit ne rien comprendre à la poésie, le vieil homme explique : « Il n'y a rien à comprendre, il faut la sentir et la vivre. Et avoir été malheureux en amour, peut-être. »

C'est paradoxalement à Pierre Bourdieu, spécialiste universellement reconnu du désenchantement, que l'on doit l'expression d'« île enchantée », utilisée par lui à propos de l'amour romantique [1]. L'île enchantée de l'amour était pour Bourdieu une des seules alternatives à la violence des rapports humains dans un monde sexiste et capitaliste : « trêve miraculeuse où la domination semble dominée ou, mieux, annulée, et la violence virile apaisée [2]. » J'ai essayé de montrer dans un livre précédent [3] que l'île en question n'est vraiment enchantée que lorsque le goût d'autrui est réciproque et partagé dans son entièreté. Sinon, c'est plutôt une addiction et une catastrophe personnelle... Mais en-deçà même des rêves d'amour de Pierre Bourdieu, le parcours universitaire brillantissime d'un fils de paysan béarnais évoque d'autres voies de la belle vie,

---

1. P. Bourdieu, *La domination masculine, op. cit.*, p. 149.
2. *Ibid.*
3. Voir P. Pharo, *La dépendance amoureuse.*

comme par exemple celle du film *Padre Padrone*[1], lorsqu'un fils de berger réussit à surmonter l'illettrisme et la tyrannie du père pour devenir lui aussi un brillant universitaire. Un dialogue avec un mouton qui parle en chiant dans le lait qu'il est en train de traire et, beaucoup plus tard, avec une chèvre, exactement dans les même circonstances, donne peut-être le sens du film. Car c'est seulement lorsque Gavino, l'enfant brutalement retiré de l'école par le père pour le faire travailler avec lui, est devenu suffisamment adulte et autonome qu'il se permet, comme l'avaient fait avant lui le mouton et la chèvre, de désobéir au père en refusant d'être encore utilisé « comme un outil ».

A la violence pathétique et vaine du père avec l'enfant, correspond ainsi celle, tout aussi vaine et pathétique, de l'humain avec la bête. La rareté de certains plaisirs devenus communs, comme le sirop mélangé au lait gelé un jour de froid extrême (j'ai pensé ici aux oranges que ma grand-mère ne mangeait, disait-elle, qu'à Noël) ou l'accordéon acheté à des vagabonds contre deux moutons volés au père, et au contraire la profusion de certains autres qui font aujourd'hui cruellement défaut aux citadins, comme l'âpreté sauvage et sublime de la montagne, mettent en relief tout à la fois ce que l'on gagne et ce que l'on perd dans la civilisation consumériste et technologique. L'avantage semble être pris malgré tout par ce qu'on espère gagner, si on en juge aux bras d'honneur que les migrants adressent aux moutons, et à la façon dont ils pissent sur la Sardaigne lorsqu'ils quittent le village pour aller travailler en Allemagne ; ou encore à cet autre moment intense de cinéma lorsque le jeune Gavino, devenu soldat, réussit à faire marcher une radio qu'il a fabriquée pendant son cours d'électronique, juste après s'être promis d'« étudier au collège le latin et le grec » si cette fichue radio fonctionnait !

1. *Padre Padrone*, Paolo et Vittorio Taviani, Italie, 1977. Merci à Henri Imbaud de m'avoir rappelé les films des frères Taviani parmi les plus représentatifs, pour lui, de la belle vie au cinéma.

Un autre grand classique de cet affrontement entre deux mondes est le film *Dersou Ouzala* de Akira Kurosawa [1]. Un officier russe qui fait des relevés topographiques, accompagné d'une petite troupe de soldats, dans une forêt près de la frontière chinoise, rencontre un homme des bois, Dersou Ouzala, qui deviendra leur guide et son ami. L'officier admire les façons du vieux Japonais qui ne sait pas son âge, mais connaît parfaitement les règles de cette terre sauvage : laisser du riz dans la cabane occupée pour une nuit à l'intention des futurs visiteurs, savoir identifier les traces d'hommes ou d'animaux, lesquels sont d'ailleurs eux aussi appelés des hommes, chanter avec les oiseaux qui lui répondent, faire sortir de la fumée bleue d'un feu de bois pour un rituel mystérieux, fabriquer très vite un abri de paille pour se protéger du froid mortel de la nuit lorsqu'il s'est égaré avec le capitaine sur un lac gelé, parler au tigre qui rôde autour des soldats pour le mettre en garde contre leurs fusils…, et finalement devenir neurasthénique, irritable et maladroit, pour avoir eu le malheur de tuer lui-même le tigre menaçant. Ramené en ville dans la famille de l'officier russe, Dersou Ouzala ne réussira pas à s'acclimater et finira par repartir pour aller mourir dans les bois. Beaucoup plus nostalgique que *Padre Padrone*, qui jouait sur l'enchantement de la vie pastorale pour célébrer surtout l'enchantement de l'émancipation individuelle, *Dersou Ouzala* conclut néanmoins sur l'irréversibilité du « progrès » : lorsque l'officier revient sur la tombe de son vieil ami dans la forêt, les traces ont été recouvertes par la construction d'une ville. Mais dans les deux films, comme dans d'autres fables rurales, par exemple *L'homme qui murmurait à l'oreille des chevaux* [2], c'est le dialogue direct avec les animaux qui symbolise un pacte avec la nature rompu par la technologie marchande – le sentiment que nous devons être capables de restaurer ce pacte étant devenu aujourd'hui l'une des voies les plus indispensables de la belle vie. Non pas seulement pour demain, mais déjà pour aujourd'hui.

---

1. *Dersou Ouzala*, Akira Kurosawa, URSS-Japon, 1975. Merci à Vincent Jaspard de me l'avoir indiqué, de même d'ailleurs que *Maestro* et plusieurs autres, dans sa liste des films représentatifs de la belle vie.
2. *L'homme qui murmurait à l'oreille des chevaux*, Robert Redford, USA, 1998.

Chapitre VI

MORTALITÉ ET IMMORTALITÉ

La belle mort était, pour Achille et le héros grec, une option majeure de la belle vie, parce qu'elle lui assurait une gloire immortelle, mais aussi, comme le rappelle un helléniste, parce que « la mort héroïque à laquelle il est voué par le destin le figera dans l'éclat d'une jeunesse impérissable [1] ». Le héros est alors immortalisé dans la *charis*, c'est-à-dire la grâce, ou encore la *faveur*, versée par les dieux « sur les apparences, les paroles, les objets humains », comme un « mouvement invisible, à l'origine insaisissable, qui enveloppe mot, chose, geste, corps, les embellit et les rend plus séduisants [2]. »

Ce n'est pourtant pas la mort elle-même qui engendre ce mouvement de la grâce, lequel doit plutôt se révéler aux autres *malgré* la mort, par exemple sous les mains habiles d'un thanatopracteur, comme on le voit dans le film japonais *Departures* [3], lorsqu'un jeune violoncelliste se reconvertit dans la thanatopraxie, comme si la grâce du corps qu'il embellit prolongeait celle de sa musique. La beauté en effet n'est jamais dans la mort, mais dans ce qu'elle peut signifier pour l'exaltation de la vie, par exemple lorsque la belle vie consiste à défier la mort en prenant un risque mortel, ou que tout ce qui reste à célébrer n'est qu'un cadavre à maquiller... Et si dans certains cas héroïques ou extraordinaires, la perspective de la belle mort semble éclipser toute autre perspective de belle vie, la vie des gens ordinaires qui vivent sans rechercher la gloire immortelle ni même le royaume des cieux, n'a généralement que faire de la belle mort, la mort elle-même n'étant jamais qu'un pis aller, un ultime remède contre l'ennui et la souffrance.

---

1. Fr. Dingremont, « Invariants et variations de l'augmentation humaine, l'expérience grecque », dans E. Klemperer (dir.), *L'humain augmenté*, « Les essentiels d'Hermès », Paris, CNRS Éditions, p. 57.

2. *Ibid.*

3. *Departures*, Yojiro Takita, Japon, 2009.

Ce chapitre voudrait justement argumenter, par les méthodes du cinéma jointes à celles de l'analyse philosophique, en faveur de l'idée qu'on n'accorde une valeur à la mort, intrinsèquement horrible, que par défaut ou assèchement des perspectives de belle vie. Autrement dit, contrairement à ce qu'a soutenu une lignée de philosophes, parmi lesquels Martin Heidegger[1] ou Bernard Williams[2], ce n'est pas la mort qui donnerait une signification à la vie, mais plutôt le sens de la belle vie qui, même lorsqu'on se rapproche de l'échéance fatale, permet encore de s'émerveiller, à la façon d'Aragon : « Je chante pour passer le temps le temps petit qu'ils me reste de vivre... J'ai vécu le jour des merveilles /Vous et moi souvenez-vous-en/Et j'ai franchi le mur des ans/Des miracles plein les oreilles[3] ». Ce n'est pas que la vie aurait une valeur intrinsèque, comme le croient les idéologues du « transhumanisme » ou du « posthumanisme », et comme le conteste justement Joseph Raz[4], qui soutient que « la valeur de rester en vie » tient uniquement aux biens qu'elle conditionne et non pas à la vie elle-même. C'est que la mort, elle, n'en a aucune, bien qu'elle ait aussi quelquefois, comme la vie, une valeur instrumentale, par exemple pour servir une cause, débarrasser le plancher ou encore faire bénéficier un tiers d'une assurance-vie – comme on le voit dans *La forêt pétrifiée*[5] (avec Humphrey Bogart en second rôle flamboyant qui voue sa mort à une jeune inconnue) ou *À la vie, à la mort !* de Robert Guédiguian[6] (avec Darroussin qui nage vers le large pour le bien de ses proches).

Vivre et mourir

Voici comment *Miele*[7], petit film italien sec et énigmatique, nous montre que c'est seulement quand nous avons perdu tout espoir de

---

1. M. Heidegger, *Être et Temps*, trad. fr. E. Martineau, Paris, Authentica, 1985.

2. Voir « Le cas Makropoulos et l'ennui qui s'attache à l'immortalité », *op. cit.*, et *infra*.

3. L. Aragon, *Le roman inachevé*, tome II, « Bibliothèque de la Pléiade », Paris, Gallimard, 2007, p. 208.

4. Voir J. Raz, *Value, Respect, and Attachment*.

5. *La forêt pétrifiée*, Archie Mayo, USA, 1936.

6. *À la vie, à la mort !*, Robert Guédiguian, France, 1995.

7. *Miele*, Valeria Golino, Italie, 2013.

belle vie que la mort devient une valeur, non pas intrinsèque, mais comme moyen d'en finir avec une vie insupportable ou sans attrait. Une jeune fille douce, solitaire et ténébreuse (Jasmine Trinca) exerce le métier lucratif de tueuse par compassion, en faisant de fréquents voyages au Mexique pour se procurer un barbiturique utilisé par les vétérinaires et interdit à la vente en Europe. Ses clients sont des vieillards, des adultes atteints du SIDA ou des jeunes gens en phase terminale de maladies dégénératives. La jeune femme gagne assez d'argent pour habiter une jolie maison en bord de mer, où elle fait chaque matin de longues séances de natation dans une combinaison de caoutchouc qui met en valeur son physique d'ange de la mort.

Cependant, son éthique de la mort librement choisie par des malades en fin de vie est mise un jour à l'épreuve lorsqu'un homme entre deux âges lui achète son produit, mais en refusant le service d'accompagnement habituel : poser une dernière fois la question rituelle sur le choix du suicide assisté et offrir sa présence empathique pour les derniers instants. C'est contraire au protocole, mais elle accepte. Jusqu'à ce qu'elle découvre que l'homme a « une santé de fer » et que son désir de mourir n'est inspiré que par la laideur du monde – ou peut-être par une raison plus personnelle, qui ne sera jamais révélée. M. Grimaldi dit simplement qu'il a eu une belle vie, une femme, des enfants, mais que désormais ça suffit. Se sentant flouée, Miele tente sans succès de récupérer son barbiturique dans l'appartement de son client, ce qui lui fournit l'occasion d'amorcer une relation d'amitié avec lui. « Personne ne veut vraiment mourir, explique-t-elle à l'homme qui veut mourir sans raison apparente. En trois ans, je n'en ai vu aucun qui voulait mourir. Ils veulent tous vivre, sauf que ce n'est plus une vie. » Mais l'homme, lui, veut vraiment mourir, et l'idylle qu'on voyait poindre entre lui et la jeune femme (avec au bout, sans doute, la réversion et un nouveau bonheur pour tous les deux) n'aura pas lieu. Car il ne s'agit pas ici d'illustrer le simple ennui qui donne envie de mourir, cet ennui qui, selon Bernard Williams, devrait faire renoncer même à l'immortalité[1],

---

1. Voir « Le cas Makropoulos et l'ennui qui s'attache à l'immortalité », *op. cit.*, et *infra*.

mais le renoncement radical à toute espérance de belle vie, fût-ce en compagnie de cette nouvelle amie qui le sauverait de sa solitude. S'étant pris néanmoins de sympathie pour la jeune fille, le monsieur glisse un jour dans un sac oublié qu'il vient lui rapporter, le flacon de barbiturique, la délivrant ainsi de toute responsabilité dans sa mort. Laquelle a finalement bien lieu, par défenestration, comme on le suppose en voyant les voitures de police stationnées en bas de chez lui autour d'un périmètre de sécurité, au moment où elle lui rend visite pour le remercier. Pour M. Grimaldi, en fin de compte, seul le « désir catégorique[1] » de mourir a survécu, ce qui, dans le contexte du film, reste assez énigmatique, mais donne bien la mesure du manque radical lorsqu'a disparu la seule alternative, celle du désir de belle vie.

En-dehors de toutes les raisons bien connues de suicide : chagrin d'amour, solitude, fin de vie douloureuse, malaise métaphysique, altruisme de groupe ou de parentèle, troubles mentaux... dont, à vrai dire, aucune ne permet d'envisager que la mort donne intrinsèquement un sens à la vie, il arrive aussi que vivre soit pire que mourir par une sorte d'interdit social. Ce cas est bien illustré par le film *Dans la brume*[2], nouveau chef-d'œuvre d'une longue lignée de films russes prestigieux. L'histoire se situe en 1942 dans une campagne biélorusse occupée par les Allemands, et commence par la pendaison de trois ouvriers du rail accusés de sabotage. Les suppliciés suscitent l'admiration et l'estime générale, tandis que leur camarade, un juste qui a eu le malheur d'être libéré par les occupants, va être suspecté par tous, même par sa femme, et pourchassé à mort par ses amis d'enfance. L'homme a pourtant fermement refusé le marché que lui proposait l'officier allemand : sa vie en échange de sa collaboration, alors même qu'il avait désapprouvé le sabotage organisé par ses camarades. En lui laissant la vie sauve, l'officier le condamne cyniquement à un sort bien pire, celui d'être tué par les siens en laissant derrière lui le souvenir d'un traître, alors que tout le village le connaît et « le respecte depuis 37 ans ». Le thème

1. « Le cas Makropoulos et l'ennui qui s'attache à l'immortalité ».
2. *Dans la brume*, Sergei Loznitsa, Russie, 2012, d'après une nouvelle de Vasil Bykaw.

de l'homme libéré par les autorités pour être exécuté par les siens, était déjà présent dans un film de Nicolas Ray, *Traquenard*[1] (*Party Girl*), mais avec un scénario hollywoodien nettement plus médiocre que celui de Sergei Loznitsa, puisque finalement l'avocat joué par Robert Taylor trahissait ses clients de la mafia, contrairement à l'ouvrier Sushenya qui, lui, ne trahit jamais personne, pas même ceux qui veulent le tuer. C'est du reste cette incapacité totale de trahison qui, dans un monde de suspicion généralisée, va rendre sa vie morale impossible.

Après une série de péripéties, l'ouvrier pourchassé et résigné se retrouve seul survivant dans une forêt enneigée auprès des cadavres des deux résistants qui devaient l'exécuter, et qu'il a pourtant essayé de sauver de toutes ses forces, n'hésitant pas à porter l'un des hommes blessé sur ses épaules pendant des kilomètres. C'est à ce moment qu'il se résout à en finir. Lorsque la brume commence à recouvrir les deux morts et le vivant, on entend seulement le coup de pistolet, invitant le spectateur à partager ce vertige de l'« âme russe » qui n'est jamais aussi elle-même et sublime que dans la pure tragédie. Mais la tragédie a ici une raison essentiellement sociale : sachant qu'il ne pourra jamais dissiper les soupçons qui pèsent sur lui, l'ouvrier Sushenya n'envisage plus de continuer à vivre avec sa jeune femme et son enfant, alors même que les premières images du film avaient laissé entrevoir les charmes d'une belle vie champêtre : quand l'homme mange la soupe dans la chaleur du foyer, à proximité de l'épouse tendre et protectrice, juste après avoir rentré le bois et joué avec l'enfant.

C'est aussi sous l'angle social qu'*Une femme douce*[2], premier film en couleurs de Robert Bresson, explore ce rapport intime de la mort désirée à l'impossibilité de la belle vie, sauf qu'ici la courte vue de la société prend les traits du sexisme d'un homme qui croit pouvoir s'arroger des droits sur son épouse, du fait de sa supériorité financière… et de son amour. Jusqu'à ce que la jeune femme mette

1. *Traquenard*, Nicolas Ray, USA, 1958.

2. *Une femme douce*, Robert Bresson, France, 1969, d'après la nouvelle de Dostoïevski, « Krotkaïa », *Recueil de nouvelles*, trad. fr. É. Halpérine-Kaminsky, en ligne sur Ebooks, Wikisource.

fin à cette persécution amoureuse en se jetant par la fenêtre. Les premières images du film : la fenêtre ouverte, la table qui finit de se renverser sur le balcon, le châle qui flotte au vent entre les étages... guident lentement la caméra de Bresson vers le corps étendu sur le pavé, un léger filet de sang écoulé près de sa tête. Comme dans la nouvelle de Dostoïevski, que le réalisateur adapte avec une certaine fidélité, le film se poursuit par le monologue du mari devant le corps sans vie allongé sur le lit, tandis que des flash-backs reconstituent les événements, posant et reposant sans cesse la question du pourquoi.

Le film ne dit pas grand chose de l'étudiante qui se présente régulièrement chez un prêteur pour mettre en gage ses derniers objets de valeur – ou dont elle croit, du moins, à la valeur, car le prêteur les prend parfois en disant : « Je le fais pour vous ». On voit qu'elle est particulièrement jolie (Dominique Sanda) et aussi douce que silencieuse ; et chrétienne (comme le réalisateur) puisqu'elle offre un crucifix, dont le prêteur ne voudrait garder que la croix d'or, mais qu'elle préfère laisser avec le Christ sur le comptoir. Très vite, le jeune prêteur se met à la poursuivre, lui proposant de la tirer de sa misère : « Dites oui et je me charge de votre bonheur. – Tout me paraît impossible, répond-elle. – Quoi tout ? – Les hommes, un homme. – Et l'amour, vous n'aimez personne ? – Non pas encore... Ce n'est pas l'amour que vous désirez, c'est que je vous accepte dans le mariage. – Et vous, que désirez-vous ? – Je ne sais pas, autre chose de plus large. Le mariage légal m'assomme. – Réfléchissez : des centaines, des milliers de femmes le désirent. – Peut-être, mais il y a aussi les singes. » Plus tard, une fois qu'ils seront mariés, car finalement la jeune fille l'a « accepté en mariage », elle expliquera au mari, après une visite au Museum d'histoire naturelle, qu'on est semblable aux animaux, que ce sont les mêmes matériaux, seule la combinaison diffère.

Contre toute attente cependant, c'est la joie – effet de l'animalité ? – qui préside à la nuit de noce lorsqu'elle laisse découvrir ses fesses et saute gaîment sur le lit, et qu'ensuite, malgré les premiers nuages qui se dessinent, le mari peut encore faire ce commentaire : « Comme chaque soir, nous avons tiré de grands plaisirs l'un de l'autre ». Celui-ci a mis cependant très vite les choses au point : limitation au minimum des dépenses et des sorties pour acquérir au plus vite un patrimoine, et ainsi « jeté de l'eau froide sur cet enivrement[1] », phrase exacte tirée de la nouvelle de Dostoïevski. C'est du reste cette phrase qui permet de répondre à la question du pourquoi : une fenêtre s'était ouverte sur l'ivresse de belle vie, mais le mari l'a aussitôt refermée, d'abord par sa pingrerie : « L'argent m'appartient », dit-il lorsqu'elle se montre trop généreuse avec les clients. Mais surtout par sa jalousie de propriétaire lorsqu'il la surprend en compagnie d'un garçon auquel elle n'a pas cédé, et décide néanmoins de la punir en lui imposant de dormir seule. La maladie qui s'ensuit et la tristesse profonde de l'épouse le feront changer d'attitude, lui avouer son amour, lui offrir tout ce qu'il avait d'abord refusé : des voyages, des sorties, une autre vie que celle d'épouse d'un prêteur sur gage... Mais c'est trop tard. La seule fenêtre que la jeune femme a encore envie d'ouvrir est celle de la rue, pour s'y jeter. « Je l'ai torturée jusqu'à la fin, précise le texte de Dostoïevski, voilà pourquoi elle est morte[2] ! » Ce plaisir de torturer moralement l'être qu'on aime apparaît dans la nouvelle et dans le film comme l'ultime refuge de la domination masculine bien élevée : « La faute venait de moi, avoue le personnage de Bresson, de l'idée ridicule qu'un homme se fait d'une femme ». Et celui de Dostoïevski, qui se sait enfermé, « malgré Stuart Mill[3] », dans l'axiome selon lequel « la femme n'a pas d'originalité », peut conclure : « Elle a eu peur de mon amour. Elle s'est sérieusement demandé : Faut-il accepter cette vie, ou non ? Elle n'a pu se décider, elle a mieux aimé mourir ». Mourir par impossibilité d'une belle vie qui aurait été ici celle de l'égalité des sexes, le mari acceptant simplement de la « laisser vivre *comme cela*[4] », c'est-à-dire à sa façon, avec ses livres, ses promenades, son silence.

---

1. Dostoïevski, *Kropkaïa*, *op. cit.*, p. 88.
2. *Ibid.*, p. 127.
3. Voir Dostoïevski, *L'asservissement des femmes*, Paris, Payot, 1975.
4. Dostoïevski, *Kropkaïa*, *op. cit.*, p. 121.

Mourir, mais pas maintenant

Qui peut douter que la mort soit *toujours* une valeur *par défaut*, un pis aller ou l'envers funeste de la belle vie ? La réponse est : les philosophes qui, depuis les épicuriens jusqu'aux philosophes analytiques en passant par les théologiens, donnent une valeur à la finitude. Ainsi, l'un des plus suggestifs des philosophes contemporains, Bernard Williams, soutient trois thèses qui peuvent paraître inconciliables : que « la mort donne du sens à la vie », que « l'immortalité serait – fût-elle concevable – intolérable » et que « la mort peut être raisonnablement considérée comme un mal[1] ». Cette troisième thèse semble du reste une concession, qu'il justifie en se démarquant des arguments de Lucrèce sur la fausseté de la crainte de la mort (lorsqu'elle est là, nous n'existons pas plus que lorsque nos n'étions pas nés[2]), et sur l'équivalence de la vie longue et de la vie brève, puisque la longue durée de la vie ne retranche rien à l'éternité de la mort[3]. Selon Williams, au contraire, il est rationnel de viser une situation où les désirs sont satisfaits et, puisque la mort empêche la satisfaction d'un grand nombre de désirs, de chercher à l'éviter et de la considérer comme un mal[4].

Toutefois, cette concession étant faite, c'est l'analyse des désirs et de leur satisfaction qui va permettre à Williams de mener sa discussion centrale sur l'immortalité. Son point de vue est illustré par une pièce de théâtre[5] dont l'héroïne, une célèbre chanteuse, bénéficie de l'immortalité grâce à un élixir de vie. Or, après 342 ans d'existence, son âge s'étant définitivement arrêté à 42 ans, Elina Makropoulos est gagnée par un manque de joie et un ennui tels

1. « Le cas Makropoulos et l'ennui qui s'attache à l'immortalité », *op. cit.*, p. 198-200.
2. Lucrèce, *De natura rerum*, III, 849-871, trad. fr. A. Ernout, Paris, Les Belles Lettres, 1947, p. 134.
3. *Ibid.*, 1080-1094, p. 144.
4. « Le cas Makropoulos et l'ennui qui s'attache à l'immortalité », *op. cit.*, p. 204.
5. *L'affaire Makropoulos*, Karel Čapek, 1922, adapté à l'opéra par Leoš Janáček, 1923.

qu'elle décide de ne plus prendre l'élixir, s'accordant ainsi la grâce de mourir. C'est à ce choix d'Elina que Williams cherche à donner un fondement philosophique. Il centre son argument sur l'idée que l'immortalité n'est désirable qu'autant que nous avons des « désirs catégoriques », lesquels devraient inévitablement s'épuiser en cas d'immortalité.

Le désir catégorique est défini par un critère purement négatif : ne pas être « conditionné au fait de vivre [1] », et curieusement illustré par le désir catégorique de mourir lorsqu'on veut se suicider [2]. C'est du reste le seul exemple explicite de désir catégorique que donne Williams dans l'article, mais on pourrait imaginer, par exemple, une vie entièrement tournée vers la réalisation d'une œuvre [3]. Pour distinguer les désirs catégoriques des simples désirs conditionnés par la vie, Williams précise en outre que, contrairement au vœu de l'ascète, ils ne se bornent pas au nécessaire, et même que « le bonheur réclame que certains de nos désirs soient totalement catégoriques et que notre existence elle-même soit désirée comme une chose nécessaire à leur satisfaction [4] ». Il ne peut donc y avoir de « désir catégorique minimal » qui serait le simple désir de rester en vie, car ce n'est pas dans le dénuement que le désir catégorique se manifeste, mais plutôt au contraire dans la profusion des bonheurs.

Or, que se passerait-il en cas d'immortalité ? La réponse de Williams est que lorsqu'on a un « caractère simplement humain », suivant l'exemple d'Elina et de n'importe quel humain qu'il imagine à sa place, « l'ennui et la distance prise par rapport à la vie tout ensemble tuent le désir et sont l'essence même de la mort [5] ». Cet épuisement du désir catégorique ruinerait ainsi une condition d'identité personnelle qui veut « que ce soit moi qui continue à

1. « Le cas Makropoulos et l'ennui qui s'attache à l'immortalité », *op. cit.*, p. 205.

2. *Ibid.*, p. 204.

3. Voir sur ce point B. Williams, « La fortune morale », dans *La fortune morale*, *op. cit.*, et ma discussion *infra*, chap. VII.

4. « Le cas Makropoulos et l'ennui qui s'attache à l'immortalité », *op. cit.*, p. 205.

5. *Ibid.*, p. 211.

vivre [1] » en cas d'immortalité, car on n'est plus vraiment le même lorsqu'on est privé de ses désirs catégoriques. Et si on envisage l'immortalité comme une succession de vies différentes, avec la naissance de nouveaux désirs, cela ruinerait une seconde condition de l'immortalité qui veut que l'état futur soit adapté à mes buts actuels, puisque les vies que je mènerai n'auront plus rien à voir avec le désir qui me pousse maintenant à vouloir continuer à vivre.

Ces deux conditions sont, à vrai dire, assez difficiles à comprendre. Si l'on s'en tient à l'évolution des désirs d'un homme sur la durée d'une vie – le vieillissement étant le seul modèle d'érosion du désir que nous connaissions pour l'instant –, on ne voit pas bien pourquoi l'épuisement de certains désirs de jeunesse empêcherait le maintien d'autres désirs ou l'éclosion de nouveaux désirs ressentis comme les siens, ni ce que pourrait signifier l'adaptation d'un état de vieillesse aux buts que l'on avait à 20 ans, car il arrive que la vie ne tourne pas exactement comme on le pensait, sans que cela affecte l'identité personnelle. Qu'on s'ennuie au bout de 300 ans d'existence comme au bout de 60 est tout à fait possible, mais on ne voit pas pourquoi cela serait nécessaire. D'autant qu'il est toujours possible, si le corps reste ou redevient valide, de retrouver l'excitation de la belle vie, même après une longue période d'ennui, comme cela arrive, longtemps après sa mort, au Don Juan d'Ingmar Bergman dans *L'œil du diable* [2]. Souffrant de l'inactivité de l'enfer, le séducteur obtient de Lucifer de revenir sur terre pour conquérir une jeune fille inaccessible... dont, pour la première fois de ses vies mortelle et immortelle, il tombera amoureux !

D'autre part, le modèle du suicide rationnel ne paraît pas très prometteur pour quiconque voudrait cultiver le goût de vivre, fût-ce beaucoup moins de 300 ans. Et il n'est pas non plus très convaincant, car s'il n'est pas nécessaire de vivre pour être mort (!), il est au moins nécessaire de vivre pour se tuer, et même nécessaire d'*avoir vécu* pour être mort, ce qui rend le désir catégorique de se tuer dépendant

---

1. « Le cas Makropoulos et l'ennui qui s'attache à l'immortalité », *op. cit.*, p. 212.

2. *L'œil du diable*, Ingmar Bergman, Suède, 1960.

du fait d'être en vie (et distingue aussi, malgré Lucrèce, le néant d'après la mort de celui qui précédait la vie). Ou, plus exactement, si l'objet d'un désir quelconque ne dépend pas forcément du fait que le sujet soit vivant, le désir lui-même en dépend essentiellement, surtout si on admet, comme le font aujourd'hui les neurosciences, qu'il est intrinsèquement lié à un substrat neurochimique d'attente d'une bonne surprise ou d'une récompense qui se déclenche dans le cerveau. Il est vrai que, dans un autre texte, Williams avait considéré qu'« il est faux et même incohérent de supposer que tout désir vise au plaisir[1] », en remarquant déjà, à juste titre, que le sujet n'intervient pas dans la *réalisation* de certains de ses désirs. Mais cette absence du sujet dans le résultat de certains de ses désirs n'annule pas le lien organique entre la motivation et l'effet *attendu*, comme en témoigne le déplaisir que j'aurais si je savais que mon désir, par exemple l'exécution de mon testament, ne se réalisera pas. C'est un argument du même ordre qu'avance Thomas Nagel lorsqu'il évoque la blessure que serait la rupture d'une promesse faite sur le lit de mort[2], même si le sujet n'est plus là pour la subir. Le contraire de cet argument ne serait du reste que la posture cynique associée à l'expression : « Après moi le déluge ».

Si on prend les choses à rebours, on voit du reste que le meilleur critère du plaisir est le désir ou, plus exactement, le désir de le répéter lorsqu'on l'a obtenu : Encore ! On peut certes jouir sans l'avoir désiré et désirer sans jouir de ce qu'on a désiré, mais il semble inévitable qu'on désire encore ce dont on a joui. Tout ce qu'on sait de la neurologie du plaisir, et en particulier les conduites addictives avec les phénomènes de craving (le désir intense) ou de tolérance (augmentation de la quantité pour obtenir le même effet) ou de sevrage (souffrance intense lorsqu'on est privé de l'objet), plaide en faveur de la répétabilité du plaisir, qui en est aussi le meilleur critère. Certains commentateurs de Bernard Williams ont du reste

---

1. Voir *L'éthique et les limites de la philosophie*, trad. fr. M.-A. Lescourret, Paris, Gallimard, 1990, p. 59.
2. T. Nagel, « Death » in *Mortal Questions*, Cambridge, Cambridge University Press, 1978, p. 6.

contesté la nécessité de l'épuisement des désirs catégoriques en avançant une distinction entre les plaisirs qui s'épuisent eux-mêmes et les plaisirs *répétables* qui, eux, ne s'épuiseraient jamais [1]. Mais on peut aller plus loin dans cette objection en remarquant que s'il existe des plaisirs qu'on ne répète pas, c'est seulement par impossibilité pratique : par exemple un pèlerinage ou un grand voyage ou une première rencontre, etc. Mais le fait est qu'on peut toujours les revivre dans le souvenir comme des plaisirs qu'on désire *encore* en imagination, même si on sait qu'on ne les revivra jamais en réalité.

Le désir catégorique tel que l'envisage Williams est une idée très suggestive, car elle semble nous orienter vers quelque chose de plus fort que la vie, ce qui flatte nos penchants romantiques. On pourrait cependant le ramener à la dimension humaine d'un désir personnel *crucial* qu'on ne peut avoir *que si on est vivant*, et dont l'objet suppose qu'on en jouisse au moins par anticipation, comme par exemple l'immortalité pour Achille qui va mourir et ne jouira de rien après sa mort. Le désir catégorique pourrait ainsi être rapproché, voire identifié au désir de ce qui rend la vie belle en projetant l'esprit du sujet vers les plus grandes joies humaines. Un désir de cette sorte inclut amours, sexualités, ivresses de la nature, des œuvres d'art, des expériences spirituelles ou mystiques, des émancipations, des substances psychoactives, ainsi que les excitations des aventures ou des jeux. Il paraît en outre inextinguible tant que nous sommes encore vivants et en capacité de l'entretenir, et tant que ne s'épuisent pas les bonnes choses qui commandent le désir et la capacité d'en jouir. Au contraire, ce serait seulement l'impuissance à s'émouvoir encore de la belle vie, en réalité ou en imagination, qui rendrait la vie laide et ennuyeuse, faisant alors de la mort une valeur par défaut. Cette situation est exactement celle que j'ai cherché à illustrer par les films de la section précédente, dans lesquels le désir de mort est associé non pas tant à l'épuisement des désirs qu'à la conviction qu'on n'a plus aucune chance de les réaliser.

---

1. Voir John-Martin Fischer, J. M., 1994, Why Immortality is Not So Bad, *International Journal of Philosophical Studies* 2 (2), p. 257-270, 1994, p. 84.

Une première conclusion serait que si l'ennui peut rendre intolérable non seulement l'immortalité, mais la simple vieillesse « naturelle », ce n'est pas parce que les désirs catégoriques, alias des désirs de belle vie, auraient été satisfaits une fois pour toutes (comment serait-ce possible ?), mais parce que nous avons perdu toute capacité de les entretenir encore ou, suivant une autre lecture, parce que le dégoût de certaines choses est devenu si fort que nous avons perdu le goût de la belle vie. L'ennui en effet n'est pas sui generis. Et il ne résulte pas du contentement ressenti lorsqu'on a la joie d'avoir atteint ses buts, mais seulement du manque et du renoncement à ce qu'on ne pourra plus obtenir. Cette situation de manque se muant en dégoût de tout le reste est tout à fait possible dans une vie mortelle à brève échéance, aussi bien que dans une vie prétendument immortelle, mais elle n'est pas du tout nécessaire : ce serait plutôt une affaire de chance, sinon de « fortune morale [1] ».

Quant à l'idée selon laquelle la mort donnerait du sens à la vie, elle semble s'appuyer, par un biais il est vrai inhabituel, sur la confusion d'un fait et d'une valeur. La mort est un fait constitutif de la vie humaine, mais ce n'est qu'un fait, comme le mal de dent ou l'éloignement du sol lorsqu'il faut ramasser un objet tombé par terre. Nous n'avons d'ailleurs aucune peine à imaginer des êtres immortels et éternellement désirants, sinon heureux, comme par exemple ceux qui habitaient l'Olympe. Et lorsque nous nous délectons à frôler la mort dans des activités à risque, ce n'est pas pour jouir de la mort, mais pour jouir de la vie ! Nous allons mourir, c'est sûr, mais, dans la plupart des cas, nous préférerions que ce ne soit pas maintenant. Comme l'indique Joseph Raz, l'immortalité, ou plus exactement la non-mortalité est une exigence du présent. Elle ne relève pas de ce qu'il appelle des « séries relationnelles déterminées par les relations d'événements "avant/après/au même moment" », mais plutôt de « séries indexicales déterminées par les relations "maintenant/plus tard que maintenant (dans le futur)/ avant maintenant (dans le passé)" ». C'est pourquoi, lorsque nous

---

1. Voir *infra*, chap. VII.

disons, comme ce poète de la Commune : « Ah mourons, ce monde est pourri, on en sort comme on sort d'un bagne ![1] », ce n'est pas parce que nous donnons une valeur à la mort, mais parce que nous ne parvenons plus à en accorder une à la vie que l'on vit *maintenant*.

Techniques de l'immortalité

Curieusement, cette immortalité réputée ennuyeuse pour B. Williams est au contraire intensément désirée par une idéologie plutôt insidieuse, le transhumanisme, dont le nom désigne un état d'amélioration ou d'« augmentation » humaine intermédiaire entre l'homme actuel et un état « posthumain » à venir – le posthumanisme étant lui-même défini comme une « nouvelle forme d'existence humaine où seraient estompées les frontières entre humains et nature, humains et machines[2] ».

Plus qu'un courant ou même un lobby, le transhumanisme est une minorité active[3] qui cherche à influencer les élites politiques et économiques en leur faisant miroiter une perspective qui prend au mot, pour ainsi dire, Bernard Williams lorsqu'il remarquait qu'« un jour, peut-être, il sera possible à certains d'entre nous de ne pas vieillir[4] ». L'un des leaders du mouvement, Ray Kurzweil, qui n'a pas peur de s'ennuyer en cas d'immortalité, déclare par exemple : « La mort est une tragédie. Nous n'avons pas encore les connaissances nécessaires pour vivre indéfiniment, mais on en sait suffisamment pour parvenir… à un point de basculement où, grâce au progrès scientifique, nous parviendrons à gagner toujours un peu plus sur le temps[5]. » La perspective d'une vie immortelle ici-bas, appareillée par des prothèses augmentant les capacités physiques

---

1. Eugène Pottier, 1887.
2. H. Tirosh-Samuelson, « Transhumanism as a Secularist Faith », *Zygon : Journal of Religion & Science*, vol. 47, no. 4, Dec. 2012, p. 710-734, Abstract.
3. T. Dubarry, J. Hornung, « Qui sont les transhumanistes ? », *Sens public*, juin 2011, http : //www.sens-public.org/spip.php ? article527.
4. « Le cas Makropoulos et l'ennui qui s'attache à l'immortalité », *op. cit.*, p. 209.
5. *Un monde sans humains*, Philippe Borrel, documentaire, Arte France, Cinétévé, 2012.

et mentales, des implants électroniques dans le cerveau assurant l'interface avec des ordinateurs, et surtout des traitements médicaux et génétiques interrompant le vieillissement et la mort, alimente ainsi une nouvelle religion matérialiste[1] ouverte en principe à tout le monde, mais réservée en pratique à ceux qui auraient les moyens de se l'offrir, générant une sorte de nouvelle humanité dont l'écart avec les humains ordinaires pourrait devenir à terme une véritable barrière spécifique.

L'idéologie du transhumanisme peut être qualifiée d'insidieuse car, bien que peu répandue encore dans l'opinion, elle est déjà parvenue à fixer les termes du débat en focalisant la plupart des commentaires sur *les avantages et les dangers* de la convergence et de l'unification parfaitement hypothétique d'une série de technologies d'amélioration ou d'augmentation humaine convention-nellement regroupées sous le sigle NBIC (nanotechnologies, biotechnologies, technologies de l'information et cognitique), et dont le développement est considéré comme « exponentiel ». Parmi ces techniques, on cite en vrac : « Les thérapies par cellules souches, les manipulations génétiques, la sélection des embryons, les drogues, les machines et autres améliorations mécaniques, l'ingénierie génétique, la psychopharmacologie, les thérapies anti-vieillissement, les interfaces neuronales, les outils avancés de gestion de l'information, les drogues améliorant la mémoire, les ordinateurs portables et techniques cognitives[2] »... Les films documentaires sur le sujet, comme par exemple *Un homme presque parfait*[3], proposent un inventaire impressionnant des technologies d'ores et déjà disponibles : prothèses incorporées permettant à un homme « diminué » de devenir un homme « augmenté », (voire de rendre souhaitable l'amputation pour bénéficier de ces nouvelles

---

1. Voir O. Masson, *Turning into Gods : Transhumanist Insight on Tomorrow's Religiosity*, Equinox Publishing Ltd. 2014, texte en ligne.
2. *Ibid.*
3. *Un homme presque parfait*, Cécile Denjean, documentaire, France 2, 2011. Voir aussi *Au cœur des robots*, Marc Felix et Bruno Victor-Pujebet, Arte, France, 2014.

prothèses !), procréation artificielle, thérapies géniques, sélection et manipulations génétiques, développement de la robotique, implantation de puces sur le corps pour se faire identifier à l'extérieur ou, mieux, de microélectrodes connectés aux neurones pour commander des objets à distance, communiquer par la pensée, réparer ou ajouter des sens, comme par exemple des capteurs infrarouges, soigner l'obésité, les obsessions, la dépression...

Les commentateurs spécialisés, convaincus à juste titre que toutes ces technologies vont avoir des effets profonds sur la communauté humaine mais soucieux de conserver une posture d'objectivité[1], ont tendance néanmoins à se laisser impressionner par l'annonce d'une convergence technologique prochaine, en intégrant peu ou prou dans leur réflexion l'idée ou l'idéal que « les limitations de la biologie humaine seront progressivement transcendées et remplacées par des machines[2] », et parfois les fantasmes californiens selon lesquels il pourrait devenir possible de vivre pour toujours, de digitaliser notre conscience ou d'être bientôt dominés par des machines intelligentes[3]. Dans cette voie, il sont du reste vite surpassés par certains prophètes du management[4] qui se taillent de beaux succès publics en proclamant qu'« un cerveau est un ordinateur fait de viande » et qu'il sera bientôt facile de remplacer la « viande » par des implants puisqu'« en 2029 nous aurons la puissance de calcul nécessaire à la modélisation de toutes les connexions neuronales[5] ». Un autre augure, interviewé dans un film d'Arte, *Un monde sans humains*[6], propose de « ne plus limiter les sacs à viande que nous sommes à la seule communication Internet via un clavier avec les

1. Voir E. Klemperer (dir.), *L'humain augmenté*.
2. H. Tirosh-Samuelson, « Transhumanism as a Secularist Faith ».
3. Voir Sirkku K. Hellsten, « "TheMeaning of Life" during a Transition from Modernity to Transhumanism and Posthumanity », *Journal of Anthropology*, vol. 2012, ID 210684.
4. Voir L. Alexandre, *La mort de la mort*, Paris, Lattès, 2011.
5. Voir L. Alexandre à l'USI, *Les neuro-révolutionnaires*, https ://www.youtube.com/watch? v=tw1lEOUWmN8
6. *Un . monde sans humains*, Philippe Borrel, documentaire, Arte France, Cinétévé, 2012.

doigts, mais de devenir une partie intégrante du réseau en devenant une partie du monde machine ».

Or, le fait même de cette convergence et unification prochaine des technologies de pointe qui feraient advenir un « post-humain » fusionné aux machines et en rupture avec tout ce qu'on sait de l'humanité et de son rapport à l'évolution biologique, relève surtout, pour l'instant, d'une spéculation futuriste inspirée, entre autres, par des romans, films et séries de science fiction. On pourrait citer par exemple la série télévisée des années 70, *L'Homme qui valait trois milliards*[1], qui mettait en scène le concept de *cyborg*, sous les traits d'un ancien pilote d'essai appareillé et « augmenté » par de multiples « prothèses bioniques » à la suite du crash de son avion. Ou encore le film-culte *Blade Runner*[2], adapté lui-même d'un roman de Philip K. Dick, qui instillait le doute sur l'identité humaine ou non-humaine en mettant en scène des androïdes doués d'émotions, bien avant la série suédoise *Real Humans* racontant l'introduction de robots humanisés dans la vie domestique[3]. Le film *Terminator*[4] (et ses suites) explorait pour sa part le thème du robot dont l'intelligence et l'efficacité pratique ont surpassé celle de l'homme, suscitant ainsi une guerre entre humains et non-humains, avec Arnold Schwarzenegger en robot implacable, ou devenant au contraire furieusement humanisé dans *Terminator 2*[5]. Un peu plus récent, *Elysium*[6] a constitué une sorte de synthèse cinématographique de la convergence technologique promise, avec bien entendu des robots qui assurent la police et font la guerre, mais aussi de merveilleuses machines capables de soigner instantanément toutes les maladies, réservées malheureusement aux élites de l'humanité qui se sont réfugiées sur un satellite artificiel « élyséen » (séjour mythologique des vertueux) pour échapper à la misère et à la pollution de la terre.

1. K. Johnson, d'après le roman *Cyborg* de Martin Caidin, série télévisée, USA, 1974-1978.

2. *Blade Runner*, Ridley Scott, USA, 1982.

3. *Real Humans*, Lars Lundström, série télévisée, Suède, 2012-2013.

4. *Terminator*, James Cameron, USA, 1984.

5. *Terminator 2 : Le Jugement dernier*, James Cameron, USA, 1991.

6. *Elysium*, Neill Blomkamp, USA, 2013.

Le héros du film, Matt Dillon, incarne un terrien ordinaire ayant un besoin vital d'accéder à ces traitements à la suite d'un accident industriel. Il s'équipe pour cela d'un exosquelette (une colonne vertébrale artificielle) qui augmente considérablement ses capacités de combat, et surtout d'implants neuronaux qui lui permettent, extraordinaire prouesse, de télécharger dans son propre cerveau un programme révolutionnaire stocké dans celui de l'ingénieur en chef d'Elysium.

L'utilisation de ce miracle du cinéma qui donne à la science fiction la dimension d'un avenir à portée de main, a permis aux personnalités scientifiques du transhumanisme de devenir de plus en plus influentes, en particulier dans les entreprises du capitalisme hightech style Google ou Apple, au moment où l'investissement capitaliste dans la robotique, l'intelligence artificielle ou la biogénétique ne cesse d'augmenter. Pourtant, selon des sociologues qui se sont penchés sur leurs profils, ces personnalités « bénéficient généralement d'une faible renommée auprès de leurs confrères [1] », la plupart d'entre elles étant même « considérées – surtout en Europe – comme un ensemble de pseudo-chercheurs, voire d'imposteurs, au sein même de la communauté scientifique [2]. » Ces personnalités ne sont du reste pas toujours des spécialistes des technologies dont elles annoncent les effets révolutionnaires futurs, à l'instar de l'ingénieur et conférencier Ray Kurzweil [3], employé de Google depuis 2012, qui publie des livres fracassants sur la « création d'un esprit [4] » à partir d'un programme basé sur la reconnaissance de modèles cognitifs, mais qui s'est surtout illustré par le développement de nouveaux synthétiseurs musicaux et l'invention d'une machine de lecture pour aveugles faisant appel à des techniques classiques de synthèse vocale et de reconnaissance de caractères [5]. Son idéologie

---

1. T. Dubarry, J. Hornung, « Qui sont les transhumanistes ? », art. cit.
2. *Ibid.*
3. R. Kurzweil, *Humanité 2.0 - La Bible du changement*, (*The Singularity is near*, 2005), trad. fr. A. Mesmin, Paris, M21 Editions, 2007.
4. R. Kurzweil, *How to create a mind, The secret of human thought revealed*, New York, Penguin, 2012.
5. Voir l'article Ray Kurzweil de Wikipedia.

futuriste connaît néanmoins un tel succès que la version française épuisée de son livre sur l'avènement prochain de la « Singularité[1] », c'est-à-dire la « création d'une intelligence artificielle supérieure à l'intellect humain[2] » à brève échéance, était proposée sur Price Minister le 10 juin 2015 au prix de 1999 euros (très bon état + 8,55 euros de frais de port). On découvre cependant, dans un film qui lui est consacré[3], que l'engouement de Ray Kurzweil pour les techniques de l'immortalité ne lui vient que d'un banal désespoir filial suscité par le décès prématuré d'un père musicien, et de ses propres inquiétudes sur ses déficiences cardiaques personnelles… Causes micro-humaines, effets surhumains.

Désir, dépendances et vieillissement

Lorsqu'on explore le fatras futuriste de l'idéologie transhumaniste, on pourrait être tenté de revenir sur le diagnostic plutôt négatif posé plus haut au sujet de la valeur de la finitude ou de la mort comme fondement du sens de la vie. Finalement, il semblerait préférable d'être un mortel en chair et en os plutôt qu'un immortel privé de son corps de chair (et non de « viande », comme cela est dit) et appareillé par chacun de ses neurones à des ordinateurs qui risqueraient de ne pas être beaucoup moins intrusifs que les moteurs de recherche de Google ou de Facebook. Mais ce n'est peut-être pas vraiment la question. On peut conserver la profonde antipathie que les humains ordinaires ont habituellement vis-à-vis de la mort, ainsi que le goût spontané qui les pousse à rechercher les voies de la belle vie et les moyens de la faire durer aussi longtemps que possible, tout en rechignant à se prêter aux rêveries cosmiques des

1. R. Kurzweil, *Humanité 2.0 – La Bible du changement*.
2. R. Sussan, *Prochain arrêt, la Singularité (1/4) : Des courbes qui tendent vers l'infini*, http://www.internetactu.net/2008/09/02/ prochain-arret-la-singularite-14-des-courbes-qui-tendent-vers-linfini/, consulté le 02/09/08.
3. Voir *Transcendent Man*, Barry Ptolemy, documentaire, USA, 2009.

transhumanistes – à tout prendre, l'« expérience océanique » des mystiques [1] paraît bien préférable.

La question est plutôt que le posthumanisme est une contradiction dans les termes qui met dans les traits de ce posthumain supposé spécifiquement distinct de l'humain actuel, toutes les aspirations qui définissent l'humain tel qu'on le connaît, très différentes de celles d'un dinosaure ou d'une chauve-souris : désir inextinguible de récompenses et de joie sous toutes les formes, habileté et invention technologique indéfinie, développement de l'intelligence théorique et pratique sans commune mesure avec les autres formes de vie connues, et même « amélioration morale [2] », qui fait aussi partie des rêveries des transhumanistes. Ceux-ci projettent de créer un post-humain immortel sans voir que ce projet n'a de sens que dans le corps et l'esprit d'un humain actuel, mortel et radicalement périssable, comme tous les membres de son espèce. Au regard de l'humain actuel, le post-humain promis est non seulement une vue de l'esprit, mais la négation d'une condition neurobiologique qui fait de nous l'espèce que nous sommes, et hors de laquelle l'immortalité, ou au moins la belle vie qui dure, n'aurait aucun sens à être désirée de cette façon. Il paraît raisonnable, lorsque les moyens sont disponibles, de se soigner et de prendre soin de soi pour ne pas mourir prématurément, ou d'espérer bénéficier d'éventuels traitements du processus du vieillissement, même si cela est injuste au regard des milliards de gens qui n'ont même pas accès aux soins médicaux de base. Mais faire de l'immortalité technologique un idéal d'existence et un but prioritaire obsessif est une rupture non pas de contrat, car il n'existe pas de contrat primordial entre les hommes, mais de lien évolutionnaire intrinsèque avec l'espèce, car nous sommes faits de la même chair biologique, issus de la même lignée génétique – d'où l'expression : « frères humains ».

---

1. Voir M. Hulin, *La mystique sauvage*, Paris, P.U.F., 1993 ; P. Hadot, *La philosophie comme manière de vivre*, Paris, Albin Michel, 2001.
2. Voir Michael N. Tennison, « Moral Transhumanism : The Next Step », *Journal of Medicine and Philosophy*, 37, p. 405–416, 2012.

Le point-clef du programme posthumaniste, qui est aussi son talon d'Achille, est l'interface des machines et du cerveau qui assurerait à la fois la « guérison » de la mort et du vieillissement, et la victoire du contrôle intentionnel des destinées sur l'évolution biologique naturelle, comme l'explique par exemple Peter Diamandis, cofondateur de l'Université de la Singularité : « Les êtres vivants sont des types de computeurs à base de protéines qui calculent avec de la chimie, mais ils calculent... Cela ouvre la voie à la possibilité de reprogrammer n'importe quelle créature et n'importe laquelle de ses productions... Cela ouvre une nouvelle arborescence du vivant qui n'évolue plus selon la sélection naturelle mais selon l'intention humaine. (...) Si on pouvait découpler l'individu de son corps biologique faillible..., on pourrait sauvegarder nos consciences sur un disque dur ou sur un support numérique et du coup atteindre une longévité infinie [1] ». En-dehors des objections philosophiques sur la possibilité de télé-transporter un sujet humain sans porter atteinte à son identité personnelle [2] ou sur la nature calculatrice d'un organisme biologique quelconque, il existe en pratique une multitude d'obstacles à ce genre de programme, comme par exemple le fait que la connexion des neurones à des puces électroniques, ou le scan des circuits neuronaux, ne résoudrait en aucune façon le problème de la programmation des informations obtenues. On peut ajouter, plus prosaïquement, que l'appareillage en profondeur nécessite de longues opérations à cerveau ouvert et que, sans même parler des risques d'infection liés aux implants, on est encore loin, en l'état actuel des technologies, d'une « fusion » des prothèses avec le corps, celles-ci n'ayant encore « rien de réellement contrôlable par la "pensée" », comme l'explique un chercheur de l'institut des systèmes intelligents et de robotique [3].

1. Peter Diamandis interviewé dans *Un monde sans humains*. Philippe Borrel, documentaire, Arte France, Cinétévé, 2012.
2. Voir par exemple D. Parfit, « We Are Not Human Beings », *Philosophy*, vol. 87, Issue 1, 2012, trad. fr. N. Hours, en ligne sur le site du SEMA.
3. N. Jarrassé, « Le mythe de l'humain augmenté », *Libération*, 4 décembre 2014.

Et même en supposant tous ces obstacles surmontés par le développement « exponentiel » des technologies et de la sur-intelligence artificielle, le programme posthumaniste apparaît comme une négation pure et simple des conditions qui lui ont permis d'apparaître : celles d'un corps humain désirant issu de l'évolution naturelle. L'idée selon laquelle la biologie finirait par être dépassée par la computation met en effet entre parenthèses la nature-même du désir, dont la signature biologique remonte à l'apparition des circuits de la récompense dans le cerveau des mammifères, après celui des poissons et des oiseaux. Le désir d'un individu particulier de jouir de l'immortalité du moment, de l'imagination, du souvenir ou d'une vie sans fin sur terre ou dans les cieux, est inextricablement lié à l'histoire personnelle de son système de récompense, et à la série des habituations subjectives au cours de sa vie, autrement dit à la façon dont la neurochimie de son cerveau s'est adaptée à une existence particulière étalée dans le temps – le dérèglement addictif, les routines domestiques ou les habitus professionnels étant quelques exemples de ces processus d'habituation. L'analyse que je propose des voies de la belle vie s'inspire des connaissances actuelles sur les mécanismes neurochimiques du désir et de la recherche de récompenses, pour mieux comprendre le lien intrinsèque de chaque singularité humaine à une capacité personnelle de désirer et de gérer ses désirs. Suivant cette approche, la singularité subjective ne repose pas sur un système de computation immatériel et transposable sur des circuits électroniques, mais plutôt, s'il fallait indiquer un substrat, sur la synthèse dans le néocortex des différents neuromédiateurs du désir et du plaisir tels que la dopamine (motivation), la sérotonine (confiance) ou la noradrénaline (énergie). La computation ne paraît donc pas séparable d'une certaine biochimie émotionnelle, et son extraction violerait pour le coup les conditions d'identité personnelle posées par Bernard Williams à une vie immortelle *de soi-même*.

La première naïveté du transhumanisme est ainsi de croire qu'on pourrait créer un homme nouveau qui échapperait à ces habituations et dépendances constitutives de l'être humain, à partir d'une mécanisation contrôlée de ses fonctions intellectuelles et biologiques. Mais la seconde naïveté est d'ignorer que l'évolution intentionnellement contrôlée se heurte au principe même de l'explication darwinienne qui fait dépendre l'évolution naturelle de la mise en relation aléatoire de traits d'environnement avec des caractères individuels hérités ou apparus par mutation. Dans ce schéma explicatif, qu'aucune donnée empirique n'a encore infirmé, les organismes survivent ou non suivant l'adéquation de leurs caractères à l'environnement. Si le darwinisme est fondé, ce schéma devrait aussi s'appliquer aux machines et organismes vivants connectés à des machines, dont le devenir dépend de conditions d'environnement imprévisibles – la condition minimale de survie étant simplement que la machine ne s'enraye pas ou ne soit pas brisée par des atteintes extérieures. Or, cela pourrait très bien arriver en cas d'évolution des plus riches d'entre nous vers un homo augmenté qui voudrait succéder à l'homo sapiens. Cet homme machine enfin réalisé dont on pourrait changer les pièces, guérir la mort, et qui serait devenu le maître d'une sélection sociale intelligente grâce à ses computeurs et à sa médecine de sélection et d'amélioration, ne serait pas plus à l'abri que les élites actuelles du monde capitaliste d'un retournement violent de l'environnement en leur défaveur.

Il est du reste piquant de constater que le rêve cybernétique de machines autorégulées est présent chez les anarcho-capitalistes transhumanistes comme chez leurs ennemis déclarés, les néo-anarchistes anticapitalistes, qui croient eux aussi que les systèmes d'information et d'analyse vont perfectionner inexorablement la vie humaine. Le transhumanisme cybernétique est pourtant clairement un fantasme de riches, qui considère que la belle vie californienne pourrait durer toujours, malgré le démenti criant que lui oppose toute une tradition du cinéma critique américain. Lequel offre aujourd'hui une incroyable surenchère dans l'horreur drolatique des sentiments inhumains, dont le film de David Cronenberg sur Hollywood, *Maps to the stars*[1], constitue une sorte d'apogée : une

---

1. *Maps to the stars*, David Cronenberg, USA, 2014.

jeune fille psychotique issue d'un couple incestueux, qui avait mis autrefois le feu à la maison de ses parents, revient chez elle pour révéler la vérité à son frère et se suicider avec lui, non sans avoir préalablement massacré une actrice vieillissante et obsédée par son auto-amélioration avec la statuette d'une de ses récompenses hollywoodiennes, tout ça pendant que sa mère s'immole par le feu au bord de sa piscine et que son père, témoin impuissant de ces calamités, est frappé de catatonie !

Ce que disent ces films que nous regardons avec une fascination éberluée, c'est notamment que la volonté des élites d'agir sur leur devenir suivant un plan pour échapper aux lois de l'évolution naturelle ou de la psychologie ordinaire, est un leurre, parce que nul n'échappe à son propre désir et à sa confrontation avec le reste du monde. L'objection qu'on pourrait finalement opposer au fantasme « posthumaniste » n'est pas que la mort donne du sens à la vie, mais plutôt que le vieillissement aurait cette vertu, non par ce qu'il signifie en termes d'affaiblissement du corps et de l'esprit (comme Julianne Moore dans le film de Cronenberg, on s'en passerait bien !), mais en termes de synthèse, avec le temps, des expériences et des mémoires que nous avons de notre propre vie, à condition que celle-ci ne soit pas trop calamiteuse, sachant qu'il arrive aussi qu'on oblitère ces mémoires ou qu'on les perde définitivement, alors que notre vie subjective et morale en dépend essentiellement.

Chapitre VII

L'ÉTHIQUE DE LA BELLE VIE

Dans la filmographie des chapitres précédents, la lutte pour la belle vie apparaît bien souvent comme une impasse morale, au sens d'un renforcement de l'amertume vis-à-vis de soi-même et de la culpabilité vis-à-vis des autres. Cela tient sans doute aux postures des réalisateurs qui font partie, avec les médecins, des grands moralistes du monde contemporain, mais encore plus sûrement aux écueils qui se dressent devant les projets personnels de belle vie dans un monde de surconsommation collective et de concurrence individuelle extrême. Si on laisse de côté les malheurs inhérents à la condition humaine, comme la mort et la mauvaise fortune, on voit que le problème porte la plupart du temps sur un mécompte *éthique*, non pas au sens d'une exigence abstraite comme la loi morale ou les devoirs de l'engagement, mais d'un sentiment d'incompatibilité entre les récompenses directement liées à ce qu'on entreprend : amours, argent, ivresses ou aventures..., et celles qui pourraient renforcer *aussi* le sentiment d'équanimité ou d'innocence vis-à-vis de soi-même et du reste du monde : la belle vie, oui, mais pas à n'importe quel prix ! Du moins c'est ce qui ressort du regard moral des cinéastes.

C'est de ce regard cinématographique sur des manières de vivre peu conformes aux grandes traditions philosophiques classiques [1], que je voudrais maintenant essayer d'extraire les directions et exercices de l'esprit indispensables à une éthique de la belle vie, non pas cependant en termes de normes de conduite, mais plutôt de retour sur soi-même pour évaluer les conditions pratiques qui peuvent favoriser ou, au contraire, ruiner un projet de belle vie. Je

---

1. Voir P. Hadot, *Exercices spirituels et philosophie antique*, Paris, Albin Michel, 2002, p. 160 *sq.*

commencerai par explorer le support psychologique du sens de la belle vie à partir d'un petit détour neurologique et évolutionniste qui me permettra d'actualiser certaines intuitions des philosophes britanniques du XVII e siècle. Je reviendrai ensuite aux conséquences plus ou moins souhaitables du programme de la chanson : « Sachons aimer, boire et chanter, c'est notre raison d'exister », complété par l'exercice de la liberté en-dehors des voies établies (s'aventurer). Aimer, boire, chanter et s'aventurer sont des modèles de belle vie qui impliquent plaisirs, ivresses, désirs intenses, fêtes, découvertes, libre expression, audace et ruptures…, mais qui peuvent très bien se passer d'éthique. L'éthique conditionne néanmoins non pas leur « fortune morale », au sens de leurs éventuelles justifications rétroactives[1], mais plutôt leur « destinée morale », au sens du retour émancipé ou désespéré que le sujet pourra faire sur lui-même tout au long de son parcours de vie, comme on le voit au cinéma lorsque l'éthique se réintroduit par la petite porte du désenchantement, ou au contraire du regain de confiance.

Le sens de la belle vie

C'est en étudiant plus précisément l'effet des drogues dans le cerveau que les neurosciences des émotions ont découvert les mécanismes neurologiques de ce qu'on appelle le circuit de la récompense, situé dans la partie antérieure du cerveau, commun à l'appétence aux plaisirs et aux émotions intenses associées à la sexualité, aux relations d'attachement, aux jeux et aux drogues[2]. On considère aujourd'hui que ces mécanismes se sont développés au cours de l'évolution de l'espèce comme moyen de motivation individuelle et corrélat subjectif des fonctions de base susceptibles de favoriser la descendance telles que la reproduction et le nourrissage des petits, auxquelles on peut encore ajouter les recherches d'abri et les aventures migratoires permettant d'échapper à des environnements

1. Voir B. Williams, *La fortune morale, op. cit.*, p. 264 et *infra*.
2. Sur ces sujets, voir les bilans proposés dans P. Pharo, *Philosophie pratique de la drogue* ; *Plaisirs et dépendances dans les sociétés marchandes* ; *La dépendance amoureuse*.

hostiles. On sait également qu'ils sont impliqués dans toutes les perceptions et activités qui suscitent du plaisir : jeux, achats, sports, gratifications sociales..., y compris, suivant des travaux récents, les émotions esthétiques[1], ce qui indiquerait une valeur adaptative de l'art plus élevée que ce qu'on dit habituellement (les rats eux-mêmes ayant, paraît-il, une certaine sensibilité neurologique à la musique de Mozart[2]).

De façon plus précise, les neurosciences distinguent le mécanisme par lequel on cherche à obtenir un plaisir (wanting), qui correspond à l'activation du circuit de la récompense par la libération de dopamine depuis l'aire tegmentale ventrale vers le cortex préfrontal (en passant par le noyau accumbens, l'amygdale, le striatum et l'hippocampe), des récepteurs et mécanismes moléculaires distribués dans le cerveau et de certains points sensibles (hot spots) mieux circonscrits, auxquels le plaisir proprement dit (liking) serait associé dans le système limbique, en particulier le noyau accumbens et le pallidum ventral[3]. Ce serait l'interaction entre les stimulations neurochimiques et ces points sensibles qui déterminerait l'impact hédonique de chaque expérience particulière[4].

Ces données offrent une sorte de statut *organique* au sens de la belle vie, en soulignant l'indépendance relative des mécanismes neurologiques de la motivation et du plaisir vis-à-vis des données des cinq sens. Les stimulations neurochimiques qui agissent sur les sites de la motivation et du plaisir peuvent en effet être provoquées directement par des substances injectées ou des changements d'état spontanés du cerveau, sans passer par les organes des sens. Le modèle de référence est ici celui des substances psychoactives qui agissent par le renforcement ou l'inhibition directe de mécanismes

1. Voir Dahlia W. Zaidel, « An Evolutionary Approach to Art and Aesthetic Experience », *Psychology of Aesthetics, Creativity, and the Arts*, 2013, vol. 7, n° 1, p. 100–109.
2. E. Brattico and M. Pearce, « The Neuroaesthetics of Music », *Psychology of Aesthetics, Creativity, and the Art*, vol. 7, n° 1, 2013, p. 51.
3. Voir Kent C. Berridge and Morten L. Kringelbach, « Pleasure Systems in the Brain », *Neuron*, n° 86, May 6, 2015, p. 646-664.
4. *Ibid.*

chimiques préexistants dans le cerveau, comme par exemple les opiacés, opium ou morphine, qui se fixent sur des récepteurs opioïdes endogènes présents dans l'ensemble du cerveau. Des effets similaires de renforcement ou d'inhibition de mécanismes endogènes peuvent être obtenus par des exercices physiques (le sport), mais aussi probablement par des pensées ou des exercices de méditation, ce qui témoigne, là encore, d'une sensibilité endogène au plaisir relativement indépendante des données sensorielles.

Cette approche « organiciste » du sens de la belle vie a eu quelques illustres prédécesseurs chez les philosophes britanniques du XVIIe siècle qui avaient déjà élargi la palette des sens humains à la perception directe de qualités (dites « secondes » dans la tradition lockéenne) comme la beauté ou la bonté. Shaftesbury distinguait ainsi la faculté par laquelle nous reconnaissons la beauté de la simple perception par les sens externes, en la considérant comme un « œil intérieur[1] ». Et un critique français, Jean-Baptiste Dubos, qui eut une certaine influence en Angleterre[2], parlait de « ce sixième sens qui est en nous sans que nous en voyions ses organes[3] ». Mais c'est surtout Francis Hutcheson qui a multiplié les sens dédiés à des qualités particulières, comme par exemple le sens public qui fait se réjouir du bonheur des autres, le sens moral qui perçoit la vertu ou le vice en nous-mêmes ou chez les autres, le sens de l'honneur associé à l'approbation d'autrui pour nos bonnes actions[4], et enfin la faculté que « nous avons de percevoir la Beauté de la Régularité de l'Ordre et de l'Harmonie[5] » qu'il appela un « Sens interne ».

---

1. Comte de Shaftesbury, *The moralist, Characteristics of Manners, Opinions, Times*, Indianapolis, Liberty Fund, 2001, p. 231, cité par James Shelley, 18th Century British Aesthetics, *Stanford Encyclopedia of Philosophy*, 2006-2014.

2. Voir la préface de B. Saint Girons à Edmund Burke, *Recherche philosophique sur l'origine de nos idées du sublime et du beau*, Paris, Vrin, 2014.

3. J.-B. Dubos, *Réflexions critiques sur la peinture et la poésie*, 1719, II, 22, p. 277, cité par J. Darriulat, *La révolution esthétique*, http://www.jdarriulat.net/Introductionphiloesth/PhiloModerne/RevolEsthet.html

4. A. Broadie, « Scottish Philosophy in the 18th Century », *Stanford Encyclopedia of Philosophy*, 2001-2013.

5. F. Hutcheson, *Recherche sur l'origine de nos idées de la beauté et de la vertu*, *op. cit.*, p. 43.

L'idée de Hutcheson suivant laquelle la morale ou l'esthétique relèverait d'un « sens » est particulièrement suggestive, parce qu'elle souligne l'autonomie d'une instance interne du plaisir dédiée spécifiquement aux choses bonnes et belles : « J'ai choisi, dit-il au début du premier tome de son *Enquête sur la beauté et la vertu*, d'appeler sens cette détermination à recevoir du plaisir de certaines formes complexes[1] ». En isolant des facultés qui seraient spécifiquement liées à ces formes complexes perçues par le sens interne, et non par les sens externes, son approche apparaît comme une sorte de modularisme avant la lettre qui anticipe sur des travaux évolutionnistes contemporains supposant par exemple l'existence de « modules » neuropsychiques de la moralité associés à des automatismes tels que le soin, la liberté, la justice, la loyauté, l'autorité ou le sacré[2], voire une grammaire innée de la morale conçue sur le modèle de la grammaire chomskyenne[3]. De même, l'idée d'un « instinct de l'art » a fait l'objet de spéculations évolutionnistes[4] appuyées sur des données de psychologie expérimentale relatives aux traits physiques ou à des paysages réputés attractifs[5], ou sur des observations d'éthologie animale. On sait par exemple que les couleurs vives sont généralement un panneau indicateur de la fonction valant comme signal d'attrait sexuel, par exemple chez le paon et autres oiseaux mâles vivement colorés, ou comme signal d'avertissement de la toxicité, par exemple chez le serpent corail, ou même des deux à la fois, par exemple chez le caméléon qui prend des couleurs vives pour effrayer ses adversaires et pour séduire les femelles. Cette double polarité de l'attrait et

1. *Ibid.*

2. Voir J. Haidt and S. Kesebir, « Morality », *in* S. Fiske *et al.*(eds), *Handbook of Social Psychology*, 2010, p. 797-832

3. Voir Marc D. Hauser, *Moral Minds : How Nature Designed Our Universal Sense of Right and Wrong*, New York, Ecco, 2006.

4. Voir N. Etcoff, *Survival of the prettiest : the science of beauty*, New York, Anchor books, 2000; D. Dutton, *The Art Instinct Beauty, Pleasure, and Human Evolution*, N.Y., Bloomsbury Press, 2009

5. Voir D. Buss, « The Evolution of Love », *in* R. J. Sternberg and K. Weis (eds), *The New Psychology of Love*, New Haven-London, Yale University Press, 2006.

de l'effroi pourrait être un précurseur de la polarité du beau et du sublime (le doux et l'horrible) théorisée par des philosophes comme Burke[1] et Kant[2].

Le problème des approches évolutionnistes est cependant que la perception « naturelle » du bien moral et du beau est au moins aussi hypothétique que le consensus des philosophes sur les mêmes sujets, et qu'on aurait par conséquent le plus grand mal à documenter précisément l'existence dans le cerveau d'un sens préformé du beau ou du bien moral. Comment décider laquelle des images cérébrales obtenues lorsqu'on provoque des jugements axiologiques chez un sujet qu'on a introduit dans un cylindre d'IRM est celle du bien ou du beau? L'image utilitariste ou déontologique, perfectionniste ou minimaliste, réaliste ou abstraite, harmonique ou dodécaphonique…? L'imagerie cérébrale peut saisir des localisations et des échanges chimiques associés à des jugements et sentiments moraux[3] ou esthétiques[4], mais elle ne produit aucune validation conceptuelle sur le caractère authentiquement « moral » ou « esthétique » d'un site ou d'un mécanisme neurologique. On pourrait certes considérer, comme on le fait habituellement pour les spécialisations cognitives du cerveau, qu'il existe un cerveau « utilitariste », un cerveau « déontologique », un cerveau « perfectionniste », etc., suivant les images associées à tel ou tel type de jugement, et sous réserve de la spécificité hypothétique des localisations et mécanismes en question. Toutefois, ces spécialisations cognitives ne donnent aucune indication sur les critères objectifs ou perceptuels du bien et du beau, et encore moins sur la fonction « morale » ou « esthétique » qui, dans l'environnement ancestral, aurait eu suffisamment d'importance reproductive pour pouvoir se transmettre comme une

1. E. Burke, *Recherche philosophique sur l'origine de nos idées du sublime et du beau.*

2. Kant, *Observations sur le sentiment du beau et du sublime.*

3. Voir C. Azuar, « Le jugement moral à l'épreuve des pathologies neurologiques », dans P. Thomas, P. Fossati (éd.), *Cognitions morales et construction sociale*, Forum Lundbeck, 2014.

4. Voir Dahlia W. Zaidel *et al.*, « An Evolutionary Approach to Art and Aesthetic Experience », art. cit.

sorte d'équipement neuronal inné. Le cerveau a sans aucun doute des fonctions spécialisées d'intuition, de calcul, d'empathie ou d'attirance, que l'on va retrouver dans les localisations cérébrales associées à certains jugements ou sentiments, mais ces fonctions ne peuvent être intrinsèquement identifiées comme « morales » ou « esthétiques », tout simplement parce que ces caractères dépendent d'une évaluation philosophique ouverte et indéfinie.

En revanche, et c'est le seul point qui semble vraiment acquis, ces conditions d'identification fonctionnelle sont beaucoup plus facilement réunies par les connaissances actuelles sur les mécanismes neurologiques de l'appétence et du plaisir, dont le caractère organique ne fait guère de doute. Et ce qu'on ignore quant au support organique d'un sens naturel du beau ou du bien pris au sens critériologique des philosophes, on le sait pertinemment à propos d'un sens du « bon » pris de façon plus lâche comme machinerie neurologique de la motivation vitale pour les plaisirs et, par extension de langage, pour la belle vie. C'est précisément sur cette base évolutionnaire et neurologique qu'on peut supposer l'existence d'un sens de la belle vie, complémentaire mais distinct des perceptions sensorielles, et spontanément tourné vers les sources naturelles du contentement : amour et bonté d'autrui, nourriture, sexe, drogues, paysages…, ces sources étant élaborées de façon différente par les cultures et les histoires individuelles. Le sens de la belle vie, c'est-à-dire le sens de tout ce qu'on aime intensément faire et goûter, ne serait donc, suivant cette analyse, qu'une forme primaire du sens du beau ou du bien, inhérent à notre commune humanité, mais qui a besoin d'être cultivé par des exercices et des choix personnels pour devenir aussi une éthique de la belle vie, suivant le sens philosophique qu'on souhaite donner à cette expression.

Aimer : l'idéalisation paradoxale

On ne parle de belle vie que pour exprimer un goût ou une prédilection – ou alors ironiquement, pour dire tout le contraire –, autrement dit pour exprimer un sentiment d'*amour* qui peut s'appliquer à tout ce qu'on aime faire, toucher, regarder, entendre, ressentir, ce qui inclut le goût des êtres, des gestes, des paysages, des œuvres d'art, des jeux... Le cinéma, art de l'ordinaire par vocation, excelle à mettre en scène non seulement la beauté des corps et des environnements que l'on savoure comme si on s'y plongeait soi-même, mais aussi la drôlerie des jeux délicieux et sans malice avec les êtres et les choses qui font les bonheurs de la vie quotidienne. Dans des comédies bien entendu, comme par exemple les films de Julie Delpy sur les jeux de l'argutie quotidienne[1], ou ceux d'Emmanuel Mouret sur les félicités envahissantes[2], sans parler de la comédie romantique américaine classique ou de la comédie des sentiments chez Eric Rohmer. Mais aussi dans des films plus graves, comme par exemple un film intitulé *Ici et là-bas*[3], qui raconte la tentative avortée d'un travailleur migrant de se réinsérer dans son village mexicain après plusieurs années d'exil à New York. Animateur d'un groupe de musique amateur qui court les cachets dans les fêtes locales, l'homme s'amuse un soir à faire un petit concert de guitare pour son épouse et ses deux filles, auquel il ajoute, dans un de ces instants de grâce dont le cinéma a le secret, un marchandage fictif de sa prestation pour celles qu'il aime. Et tout le monde rit de bon cœur.

Au-delà de ces émerveillements ténus de la vie ordinaire, l'amour auquel les paroles de la valse de Strauss font référence, c'est d'abord l'amour érotique, source de toutes les passions et idéalisations vitales – réduit cependant dans la chanson au seul goût sexiste des hommes pour les femmes. Il est vrai que l'amour du corps féminin a ses lettres de noblesse dans une longue tradition artistique, et même philosophique, par exemple lorsque Edmund Burke fait du sein féminin le symbole de sa théorie du beau : « Cette surface lisse et moelleuse, ce renflement aisé et insensible, cette variété qui exclut l'identité même dans l'espace le plus infime,

---

1. Voir *Two Days in Paris*, Julie Delpy, France-Allemagne, 2007 ou *Two Days in New York*, Julie Delpy, France-Allemagne-Belgique, 2012..
2. Voir *Caprice*, Emmanuel Mouret, France, 2015.
3. *Ici et là-bas*, Antonio Méndez Esparza, USA, Espagne, Mexique, 2012

ce dédale trompeur où l'œil s'égare, incertain, pris de vertige, ne sachant où se fixer et jusqu'où il est entraîné [1] ». Toutefois, chez les animaux comme chez les êtres humains, le goût sexuel est naturellement à double sens, et si les oiseaux femelles séduits par les plumages exquis de certains oiseaux mâles [2] pouvaient parler, ils ne diraient sans doute rien d'autre pour exprimer l'intensité de leur attraction vers la beauté des mâles. Les théoriciens de l'évolution supposent d'ailleurs aujourd'hui que le sens esthétique serait en partie issu des mécanismes ancestraux de la sélection sexuelle, lorsque les mâles (principalement) exhibent leurs ornements pour être choisis par les femelles [3]. C'est du reste déjà ce que pensait Kant (juste avant de découvrir la philosophie critique) : « L'attirance sexuelle, disait-il, est le fondement de tous les autres attraits [4] ». L'attraction sexuelle, qui conditionne la transmission génétique, est en effet, avec l'attachement parental, qui conditionne la survie des petits, une des conditions nécessaires du sens de la belle vie, puisqu'elle est aussi un des vecteurs essentiels de la motivation à vivre, transmise à leur descendance par tous ceux qui ont la chance d'avoir eu des partenaires amoureux et des parents ou alloparents suffisamment aimants.

Au cinéma, cependant, les moments heureux sont généralement éclipsés par le clap de fin – happy end qui, comme c'est l'usage, signale simplement qu'il n'y a plus rien d'intéressant à raconter. Le cinéma préfère en revanche s'attarder sur les effets douloureux et paradoxaux de l'idéalisation amoureuse, comme le faisait avant lui la littérature ou la mythologie, avec par exemple la jalousie de Procris envers Céphale, qui lui valut de mourir d'un coup de javelot de son bien-aimé lorsque, cachée dans un fourré pour le surveiller,

---

1. E. Burke, *Recherche philosophique sur l'origine de nos idées du sublime et du beau, op. cit.*, p. 201.

2. Voir Charles Darwin, *La descendance de l'homme et la sélection sexuelle*, trad. fr. E. Barbier, Paris, Reinwald, 1881.

3. Dahlia W. Zaidel *et al.*, « An Evolutionary Approach to Art and Aesthetic Experience », art. cit., p. 100-109.

4. Kant, *Observations sur le sentiment du beau et du sublime*, trad. fr. M. David-Ménard, Paris, Garnier-Flammarion, 1990, p. 132.

elle fut confondue avec un gibier. La mécanique masochiste paraît en effet essentielle à l'attachement amoureux, car celui-ci suppose une reconnaissance de l'empire de l'autre sur soi-même, et plus précisément de son narcissisme sur son propre narcissisme. Cette mécanique peut être source de félicité lorsque la fascination pour les désirs et l'autonomie de l'autre contribue à élever les jouissances affectives et charnelles auprès d'un(e) partenaire qui a les mêmes attentes vis-à-vis de soi-même, suivant ce que j'avais appelé le « principe d'Héloïse [1] ». Mais elle peut aussi devenir l'envers exact, quoique parfois tout aussi exaltant, de la surconsommation addictive, sous forme de ce que les « Dépendants affectifs sexuels anonymes » (groupe d'auto-support fonctionnant sur le modèle des Alcooliques anonymes) nomment une « anorexie amoureuse ».

Le sommet littéraire de cette affection est sans aucun doute l'histoire tragique de la princesse de Clèves [2] qui, malgré la passion dévorante qu'elle entretient pour le prince de Nemours, refuse d'être infidèle à son mari, y compris après le décès de celui-ci pour cause de désespoir amoureux. Or, il se trouve que, contrairement à ce que prétendait un chef d'Etat [3], l'histoire vaut encore aujourd'hui comme témoignage vivant sur les jeux du désir et de la répulsion, comme en témoignent les nombreuses adaptations cinématographiques du roman : depuis la plus classique, celle de Jean Delannoy [4], symbole de ce qu'on a appelé « la qualité française » au cinéma, jusqu'aux plus plus récentes, comme *La lettre* de Manuel de Oliveira qui se montre un peu plus fidèle au roman mais pas très innovant sur le plan culturel, avec une princesse assez prude et très bien élevée, malgré un prince de Nemours déguisé en rock-star portugaise. L'actualité du sujet est beaucoup mieux illustrée par le documentaire de Régis Sauder [5] qui entrelace des lectures du roman et des témoignages

---

1. Voir P. Pharo, *La dépendance amoureuse*.
2. Madame de La Fayette *La princesse de Clèves*, Paris, Livre de Poche, 1999.
3. Voir http://www.lemonde.fr/cinema/article/2011/03/29/et-nicolas-sarkozy-fit-la-fortune-du-roman-de-mme-de-la-fayette_1500132_3476.html
4. *La princesse de Clèves*, Jean Delannoy, France-Italie, 1961.
5. *Nous, Princesses de Clèves*, documentaire, Régis Sauder, France, 2011.

d'adolescents recueillis dans une classe du lycée Diderot (19ᵉ arrondissement) à Paris. Ou encore par *La belle personne*, de Christophe Honoré[1], qui « filme les lycéens comme des demi-dieux[2] », en montrant lui aussi que l'intrigue amoureuse et le désir d'aller au lit ne sont pas moins cruciaux et contournés dans les cours de lycée que dans la cour d'Henri II.

Toutefois, c'est sans doute *La fidélité* d'Andrzej Zulawski[3] qui met le mieux en évidence l'actualité du dilemme de la surconsommation et de la fidélité obsessive. Malgré les outrances habituelles au cinéaste, le film confronte de façon convaincante la nouvelle fidélité obsessive de l'héroïne à ses anciennes habitudes d'intense consommation sexuelle. L'actrice Sophie Marceau incarne une photographe à la mode qui aime suffisamment les hommes pour les déguster avec gourmandise chaque fois que l'occasion s'en présente, mais qui passe avec conviction d'un excès à l'autre dès qu'elle est mariée – sa pratique seule attestant d'un prodige culturel qu'Oliveira aura, lui, besoin d'expliciter : « Être fidèle dans un monde comme celui d'aujourd'hui, une telle attitude est exceptionnelle ». L'intérêt du film de Zulawski porte principalement sur cette idéalisation des pratiques : illisible lorsqu'il ne s'agit que de passes furtives dans les vestiaires d'un stade de rugby, elle devient transparente dans l'abstinence chèrement conquise par la douleur du veuvage, quoique toujours sur le point de s'effondrer lorsque l'amoureux revient à la charge. Il est du reste habituel aujourd'hui de lier l'hypersexualité à un malaise latent, comme le montre bien le film de Steve McQueen, *Shame*[4], le mal-être existentiel donnant aux décharges inopinées de plaisir le sens d'un remède compulsif contre l'ennui. Dans l'imaginaire contemporain, ce ne serait pas l'idéal qui pousse à aller au sexe à tout bout de champ, mais seulement l'appel sourd de la chair, sur fond d'infirmité affective[5], tandis qu'au contraire

1. *La belle personne*, Christophe Honoré, France, 2008.
2. Louis Guichard, *Télérama*, 17/09/2008.
3. *La fidélité*, Andrzej Zulawski, France, 2000.
4. *Shame*, Steve McQueen, Grande-Bretagne, 2011.
5. Voir E. Illouz, *Pourquoi l'amour fait mal*, trad. fr. F. Joly, Paris, Seuil, 2012.

une certaine idéalisation de la vie belle, « noble et splendide », commanderait de prendre l'habitude culturelle à rebrousse-poil en s'interdisant ce qui semble universellement permis.

L'idéalisation de la Fidélité, contrairement à celle de la surconsommation sexuelle, contrarie le désir spontané, mais repose comme elle sur une mutation douloureuse du sens de la belle vie : jouir à l'extrême ou se priver à l'extrême sont en effet des métamorphoses du désir qu'on retrouve aussi dans les pratiques d'anorexie alimentaire. A la différence de la démangeaison évoquée par le *Philèbe* de Platon, rien ne peut apaiser ce genre d'affections, pas même le fait de se gratter. La fusion avec le blanc de l'inconscience, ou de la mort, serait alors la conclusion tragique du sens irréalisable de la belle vie. Le cinéma peut ainsi dérouler son apologue *a contrario* en laissant imaginer qu'une éthique de la belle vie qui ne serait pas insensible au bonheur terrestre, qui préférerait donc la beauté des choses de la vie au sublime de leurs catastrophes, idéaliserait la vie ordinaire, le soin attentif et durable des êtres et des choses aimées plutôt que des fins illusoires ou des principes inexpugnables. D'autant que c'est par leurs désirs nomades et infidèles que les êtres aimés révèlent le mieux leur dignité à être aimés, puisque ce sont précisément ces désirs qui garantissent la très haute valeur du choix qu'ils font de nous-mêmes, quand ils le font. Suivant cet apologue, la belle vie ordinaire sort nécessairement de l'ordinaire mais doit pourtant s'y enraciner pour ne pas risquer de s'effondrer trop vite. La leçon serait ainsi qu'il n'y a de salut ni dans la surconsommation, ni dans l'abstinence des êtres et des choses que l'on aime, mais seulement dans le contentement de les obtenir, la jubilation de les avoir près de soi ou les éblouissements qu'ils peuvent susciter.

Boire… : l'idéalisation mortifère

Les films sur l'addiction alcoolique, symbole de l'appétence insatiable pour des substances psychoactives, dévoilent de façon encore plus crue les ressorts d'une organisation du désir qui rend inévitable le ratage de sa (belle) vie lorsqu'on se trompe, non pas sur la cause, mais sur l'idéal de son désir, ou, plus exactement, sur les chances de l'assouvir avec l'idéal qu'on s'est donné. Les films sur l'alcool et l'alcoolisme sont innombrables, mais certains illustrent particulièrement bien l'alternative des voies sordides et sublimes du sens de la belle vie lorsqu'on est envahi par des idéalisations impraticables. Côté sordide, on a par exemple *Le poison*, film de Billy Wilder[1] qui met en scène un écrivain raté et alcoolique de longue date, entretenu par un frère charitable et soutenu par une jeune femme amoureuse qui ne désespère pas d'être un jour plus forte que son appétence à l'alcool. Le titre américain, *Un week-end perdu*, résume le scénario : soi-disant abstinent depuis quelques jours, le héros est sur le point de partir en week-end avec son frère pour se ressourcer à la campagne, mais il réussit à se défiler au dernier moment pour transformer son week-end en beuverie sordide et solitaire. En manque d'argent, il voudrait engager la machine à écrire qui devait lui permettre d'égaler Hemingway, mais il la perd en chemin. Lorsqu'un homme la lui rapporte chez lui, ce signe heureux, ajouté à l'optimisme inébranlable de sa compagne, offre au film sa fin hollywoodienne, avec la promesse d'une réversion aussi soudaine que salutaire grâce au travail de l'Œuvre – cette réversion étant à vrai dire aussi rituelle qu'improbable chez la plupart des alcooliques. Le problème du héros de Billy Wilder est en effet qu'il n'a pratiquement aucun doute sur le fait qu'il n'écrira jamais le grand livre dont l'espérance illuminait sa jeunesse, et qui est parfaitement inadéquate au sujet qu'il est en réalité. Dans le script du film, la seule alternative à son dépit est donc l'alcool, et non pas celle qui l'aime qui est pourtant à ses côtés – comme d'autres qui seraient prêtes à prendre la même place, mais qui ne suffisent pas non plus à remplir la case vide de l'idéal.

La magnifique Anouk Aimée est, elle aussi, aux côtés d'un alcoolique, le peintre maudit du film de Jacques Becker, *Montparnasse 19*[2]. Toutefois, contrairement à l'écrivain de Wilder,

---

1. *The Lost Weekend*, USA, 1945, d'après un roman de Charles R. Jackson.
2. Intitulé aussi *Les amants de Montparnasse*, Jacques Becker, France, 1958, d'après un roman de Michel Georges-Michel.

le héros de J. Becker, Gérard Philippe dans un de ses meilleurs rôles, est réellement un grand artiste, puisqu'il s'agit du peintre et sculpteur Modigliani, dont le film relate l'année précédant la mort d'une méningite tuberculeuse. A un moment du film, on croit d'ailleurs, là aussi, à une réversion salutaire par la grâce illuminatrice de la jeune femme amoureuse : « Modi » remplace alors le vin par l'eau, et le salut semble à portée de main. Mais pas pour longtemps. « Pour nous, de notre côté, il y aura une joie éternelle, je t'aimerai, pauvre Jeanne, pardon », concède Modi à la jeune femme. Mais cette belle vie avec elle ne lui suffit pas, car son rêve est ailleurs, dans un idéal de l'art incorruptible qu'il oppose tristement, vers la fin du film, et en citant Van Gogh, à un industriel qui voudrait acheter une de ses œuvres pour une campagne publicitaire ! Modi semble convaincu, comme l'explique un personnage secondaire, qu'« il ne vendra jamais rien, de son vivant du moins, parce qu'il a la poisse ». Son désespoir et son dégoût d'un monde radicalement étranger à son projet esthétique peuvent ainsi s'alimenter à la prophétie amère d'un autre personnage : « Il n'y a que les garçons de café qui se souviendront de vous, à cause de l'argent que vous leur devez ».

Dans ces deux vies troublées et malheureuses, l'un est un velléitaire qui se prend pour un grand artiste et l'autre est réellement un grand artiste, les deux sont aimés des femmes et des tenancières de bistrot et, en-dehors de l'œuvre à venir ou à faire reconnaître, tout pourrait leur sourire, mais qu'est-ce que ça change ? Qu'est-ce qui ronge ce genre d'humain qui ne se contente pas du soin des choses de sa vie ou de ceux qui l'aiment, et se nourrit d'idéalisations inadéquates à ce qu'ils sont, dans le cas de l'écrivain raté, ou à ce qu'est le monde, dans le cas du peintre maudit ? La réponse est bien sûr l'alcoolisme et donc l'addiction, dont on sait aujourd'hui qu'il s'agit d'une pathologie neurologique difficilement curable. Mais cette maladie *organique* se greffe sur une maladie de l'âme, qui rend le monde réel impropre à l'idéal de belle vie, et dont on ne sait pas très bien si elle a précédé ou suivi la maladie du cerveau. Si la maladie de l'âme était antérieure, on pourrait espérer la soigner, puisque l'âme est en principe ce qui appartient le plus intimement au sujet, d'où les efforts pathétiques des amoureuses.

C'est aussi cet espoir de soigner la maladie du consul du film
Au-dessous du volcan[1], qui anime l'actrice Jacqueline Bisset
lorsqu'elle revient auprès de son ex-mari pour l'accompagner dans
le dernier jour de sa dérive éthylique. Alors que tout semble perdu
depuis longtemps, elle fait encore des projets de belle vie dans une
cabane au Canada, tout près de la nature, où elle autoriserait même
son époux à « ne pas être tout à fait sobre ». Contrairement aux
films précédents, la maladie du consul (Albert Finney) n'est pas liée
à une œuvre à faire ou à faire reconnaître, mais à une incapacité
fondamentale à accepter une infidélité passée de l'épouse avec son
demi-frère : chaque fois que la réversion heureuse semble à portée
de main, l'obsession de l'offense revient avec une force intacte. Le
retour de l'épouse après une séparation de deux ans, pourtant ultime
espoir du consul, ne peut suffire à apaiser sa blessure d'orgueil :
« Ce n'est pas assez, ce n'est jamais assez ». Impuissant, et presque
respectueux des dégâts de sa maladie sur son propre corps qui ne
lui appartient plus complètement, le consul mourra finalement
dans une rixe devant un café borgne. Dans son impeccable raideur
d'alcoolique et son hostilité héroïcomique aux nazis et aux truands,
le personnage de John Huston qui, comme celui de Jacques Becker,
marche droit vers son destin funeste, illustre parfaitement le
versant sublime du sens esthétique, tel qu'on le comprend depuis
le philosophe Edmund Burke, lorsque « les idées de douleur et
de danger[2] » deviennent plus fortes que l'idée de plaisir dans la
contemplation des autres et de soi-même.

On trouve peut-être dans les neurosciences contemporaines
une explication de ce glissement du désir de belle vie vers un
sentiment d'horreur, « la plus forte émotion que l'esprit soit capable
de ressentir », selon Burke[3]. Il existerait en effet une motilité du
système de la récompense et des zones qui lui sont associées dans
le cerveau, capables de faire alterner, suivant des événements

---

1. *Au-dessous du volcan*, John Huston, USA, 1984, d'après le roman de Malcolm
Lowry, trad. fr. S. Spriel, Paris, Club français du livre, 1949.

2. E. Burke, *Recherche philosophique sur l'origine de nos idées du sublime et
du beau*, op. cit., p. 96.

3. *Ibid.*

neuronaux locaux, les états de désir ou de béatitude les plus intenses avec les états de frayeur, de dégoût et de répulsion, témoignant d'une gradation neurophysiologique du plaisant à l'horrible ou, autrement dit, du beau au sublime. Des chercheurs en neurosciences parlent à ce propos d'un « clavier affectif » situé dans le nucleus accumbens : « Le dispositif du clavier, écrivent-ils, est organisé depuis les extrémités antérieure et postérieure de la coquille médiane. A l'extrémité antérieure, il génère principalement des motivations positives en réponse à des micro-injections [de neuropeptides] qui accroissent l'appétit à rechercher de la nourriture et augmentent les réactions de plaisir pour les goûts sucrés. Cependant, au fur et à mesure que le site de micro-injections se déplace vers l'arrière de la coquille, les comportements appétitifs diminuent et, au contraire, le comportement négatif de frayeur devient de plus en plus intense et les goûts sucrés deviennent dégoûtants [1]. »

Ces observations offrent peut-être un début de signature organique pour un phénomène que ne cesse de mettre en scène le cinéma, celui de la transmutation du boire en déboire, ou du sens de la belle vie en attraction irrépressible vers la catastrophe. On peut en effet supposer qu'en-dehors des micro-injections (réservées aux animaux de laboratoires) et des consommations psychoactives (multiples et ouvertes à tous), les événements neuronaux en question peuvent aussi être provoqués par des événements extérieurs liés notamment aux actes civils ou incivils d'autrui, ou encore par de simples événements de pensée qu'on ne peut endiguer, comme par exemple le souvenir d'une humiliation insupportable ou d'une infidélité impardonnable. Cette oscillation du désir à l'horreur n'explique pas le phénomène addictif lui-même, lié à d'autres dérèglements neurologiques, ni le fait qu'un désir est finalement devenu incontrôlable, mais elle permet de mieux comprendre la mutation d'un désir en douleur qui est le mécanisme de base des idéalisations ratées.

---

1. Kent C. Berridge and Morten L. Kringelbach, « Pleasure Systems in the Brain », art. cit., p. 646-664.

Chanter : une éthique esthétique

« Employé de banque et père de famille, aisé, tranquille, un homme découvre au milieu de sa vie qu'il se ment à lui-même. Il veut, il doit peindre ». C'est par cet encart héroïque que commence le documentaire qu'Alain Resnais a consacré en 1955 à Paul Gauguin [1]. « Il faut rompre, dit ensuite le peintre en voix off, abandonner foyer, famille, habitudes... Je veux être heureux et celui-là seul l'est qui est libre... Maudit de tous les miens, j'irai sur une île de l'Océanie vivre de calme et d'art ». C'est ce modèle de l'abandon des habitudes et des devoirs familiaux au profit d'une aventure créatrice que Bernard Williams avait en tête lorsqu'il écrivit son fameux article sur la « fortune morale ». Son but était de montrer que la valeur morale n'est pas « à l'abri du hasard [2] » puisque, dans un cas pareil, elle dépendrait d'une « justification rétroactive » imprévisible au moment du choix initial. Ce qui donne aussi l'occasion à Williams de « remercier le ciel... que le meilleur des mondes dans lequel la morale est universellement respectée ne soit pas le nôtre [3] », ce monde qui n'était peut-être pas non plus celui de Gauguin, si l'on en juge à ses déclarations sur ses maîtresses et ses enfants naturels [4] ou à d'autres films qui mettent en scène sa virilité ravageuse, comme par exemple *Gauguin, le loup dans le soleil* [5].

L'argument de la fortune morale selon lequel « la seule chose qui justifie [le] choix [de Gauguin] est le succès lui-même [6] » a suscité un large débat [7] sur la façon de prendre en compte le hasard dans le jugement moral. Thomas Nagel, par exemple, ne voit pas très bien

---

1. France, 1950.

2. B. Williams, *La fortune morale, op. cit.*, p. 254.

3. *Ibid.*, p. 256.

4. Voir les lettres citées dans La syphilis de Gauguin http : //peintresetsante. blogspot.fr/2012/09/la-syphilis-de-gauguin.html et les commentairesautour de la rétrospective de Paul Gauguin à la Fondation Beyeler, à Bâle, 2015, http://www. hebdo.ch/hebdo/culture/detail/ paul-gauguin-sublime-salaud

5. *Oviri*, Henning Carlsen, Danemark France 1986.

6. *Ibid.*, p. 257.

7. Voir Dana K. Nelkin, « Moral Luck », *Stanford Encyclopedia of Philosophy*, 2004-2013.

en quoi la justification rétroactive de Gauguin : être devenu un grand peintre, peut être qualifiée de morale, bien qu'il rejette l'argument kantien selon lequel la volonté bonne doit toujours se mettre à l'abri du hasard, et qu'il accepte aussi l'idée d'une « fortune morale » au sens de l'influence sur la moralité d'un acte de tout ce qui n'est pas sous le contrôle des agents : caractères, circonstances, chaîne causales... [1] On pourrait ajouter que le hasard est certainement un déterminant de la belle vie sous la forme des gens que l'on rencontre et que l'on aime, des lieux qui vous accueillent, des succès qui vous accompagnent, des périls dont on réchappe..., mais qu'il est plus difficile de trouver un caractère *moral* à la chance d'avoir eu de la chance, ne serait-ce que pour n'avoir jamais couru le risque de commettre le pire. Williams reconnaîtra d'ailleurs que l'expression « fortune morale » est un oxymore au regard du sens qu'on attribue habituellement à la morale. Mais ce sera pour souligner le caractère limité de ce sens habituel, qui ne désignerait qu'une « région de l'éthique résistant à l'idée de hasard [2] ». L'éthique elle-même serait plus large que la morale, comme le soutient aussi un livre consacré à l'œuvre de Bernard Williams [3], présentée comme l'articulation d'une philosophie de l'intégrité du Moi, conçue sur la base de ses désirs et de ses intérêts personnels, à un point de vue moral, conçu comme principe d'impartialité.

La fin de l'article de Williams explicite le critère de la fortune morale en précisant qu'il est moins dans le succès *extrinsèque*, soumis à tous les aléas qui pouvaient affecter la carrière de Gauguin, que dans le succès *intrinsèque* ou, plus exactement, l'échec intrinsèque si « le projet qui a provoqué la décision est frappé de nullité [4] ». Pour que le regret d'agent ne soit pas amer ou désespérant, il faudrait donc que le sujet reste convaincu, à la

1. T. Nagel, « Moral Luck », in *Mortal Questions, op. cit.*, p. 25.

2. « Postscript » to « Moral Luck » *in* D. Statma, *Moral Luck*, State University of New York, 1993.

3. Voir A. Duhamel, *Une éthique sans point de vue moral : la pensée éthique de Bernard Williams*, Québec, Les Presses de l'Université Laval, 2003, et le compte rendu de Marco Bélanger, *Politique et Sociétés*, vol. 24, n° 1, 2005, p. 111-115.

4. B. Williams, *La fortune morale, op. cit.*, p. 274

longue, de la valeur de son choix initial. La fidélité à soi-même serait ainsi le critère principal du succès, ce qui n'est peut-être pas si éloigné de l'idée rawlsienne, rejetée par Williams, d'un « système d'options fixe et pertinent auquel on pourrait confronter les tranches de vie[1] », auquel s'ajoute simplement ici l'idée d'une valeur intrinsèque de ce projet. Quant au succès rétroactif qu'on peut obtenir auprès d'un « témoin moral », il n'annule pas les dégâts moraux de l'itinéraire (le mal qu'on a pu faire aux autres), mais implique seulement que le sujet accepte, comme les politiciens, de « payer un prix moral » pour le bien que certaines de ses décisions auront apporté au monde[2]. Williams semble ainsi revenir à une morale conséquentialiste assez classique : « le bien apporté au monde », considéré toutefois du point de vue du sujet qui se juge lui-même et non pas d'un compte utilitariste objectif des bienfaits. Ce qui importe, selon Williams, n'est pas la justification morale de tous les choix des agents – il se réjouit au contraire « que la morale n'ait pas toujours la prééminence[3] » –, mais « le rapport de leur vie, de leur façon de ne pas la justifier, à la morale[4] ». C'est ce rapport entre une vie ouverte aux coups de folie esthétiques ou romantiques et la morale, qui serait soumis au hasard.

C'est à ce point qu'on peut remarquer que la justification d'un choix de vie comme celui de Gauguin est beaucoup moins le fait du hasard, comme le voudrait Williams, que celui de l'*esthétique*, puisque c'est la beauté de l'œuvre de Gauguin qui lui confère sa vocation et son succès rétroactif. Le court documentaire en noir et blanc d'Alain Resnais suffit du reste à nous convaincre que la justification anticipatrice puis rétrospective de Gauguin, artiste maudit mais aujourd'hui universellement loué, a d'abord un caractère esthétique. Williams précise également qu'Anna Karenine, contrairement à Gauguin, peut avoir d'amers regrets, car elle n'a rien

1. *Ibid.*, p. 272.
2. *Ibid.*, p. 276.
3. *Ibid.*, p. 277
4. *Ibid.*

apporté de semblable[1]. Le don esthétique, bien plus que le hasard, suffirait donc à offrir son caractère moral à une vie : public si le don est reçu par le succès extrinsèque, ou intime s'il n'est soutenu que par la conviction de l'agent que son projet n'était pas nul. Et si l'on veut éviter un élitisme réservant l'absolution morale aux seuls grands artistes dont le chant créateur en musique, art plastique ou poésie, illumine tous les autres humains, on pourrait encore accorder ce quitus moral à l'inspiration esthétique de n'importe qui, même la pauvre Anna Karenine, qui perd tout au bout du compte. Ce serait cette dimension esthétique qui, bien plus que les aléas de la vie, pourrait rendre bonne l'intention initiale, à condition qu'elle soit véridique et durable.

On peut toutefois s'interroger sur l'utilité de chercher des justifications morales aux trajectoires humaines qui nous plaisent sous un aspect qui n'est pas proprement moral, autrement dit de décerner coûte que coûte des prix de morale – un reproche dont le romantisme de Williams n'est pas exempt. Le registre esthétique a en effet sa propre valeur et ses propres justifications, qu'on le prenne au sens étroit de tout ce « qui est motivé par la perception et la sensation du beau » suivant la définition actuelle du dictionnaire[2], ou au sens étymologique (αἴσθησις) plus large d'une faculté de percevoir par les sens, la sensation et par l'intelligence[3], qui est le propre de l'humain ordinaire équipé d'un circuit neurologique du plaisir et de la récompense. Dans les deux cas, l'esthétique n'a pas à être intrinsèquement morale – sauf si on est un platonicien, ou un shaftesburien qui voit le bien comme une beauté morale et la beauté comme une expression du bien[4] –, car la beauté se suffit à elle-même dans le registre de valeur qui est le sien, y compris lorsqu'il s'agit de la beauté d'une vie. Quant à la question d'éthique, elle

---

1. B. Williams, *La fortune morale*, *op. cit.*, p. 276.
2. Trésor de la langue française.
3. Dictionnaire Bailly.
4. Voir L. Jaffro, « Francis Hutcheson et l'héritage shaftesburien : quelle analogie entre le beau et le bien ? », https : //halshs.archives-ouvertes.fr/halshs-00174317/document

est seulement de savoir comment un sens de la belle vie peut être compatible avec ce qu'on entend communément par l'éthique ou la morale et, inversement, ce qu'une éthique gagne à être, *en plus*, une éthique de la belle vie, autrement dit une éthique qui se préoccupe de beauté.

On peut en effet penser que le concept d'éthique est à peu près clair pour quiconque admet au moins les interdits de base tels que ne pas tuer, ne pas voler, ne pas opprimer, ne pas brutaliser, ne pas nuire, ne pas mentir, ne pas manquer à sa parole, ne pas trahir, ne pas abandonner, ne pas manipuler, ne pas mépriser autrui… (Pour ce qui est des devoirs ou des postures envers soi-même, j'en dirai un peu plus dans la conclusion de ce livre). La beauté, en revanche, est un concept plus délicat à manier dans le contexte philosophique[1] ou sociologique contemporain, qui rend périlleuse toute prétention d'énoncer des critères[2] à la façon des philosophes, comme par exemple Hutcheson (uniformité jointe à la variété), Burke (petitesse, variété, aspect lisse, douceur, délicatesse, couleurs brillantes et diverses…), ou Kant (plaisir désintéressé). J'ai soutenu dans ce livre l'idée que la beauté paraît un peu moins obscure lorsque, dans le langage ordinaire, elle qualifie la « vie » par des expressions du genre : « C'est la belle vie », « la vie est belle »…, que tout le monde semble comprendre comme une vie illuminée par des émotions intenses, des plaisirs, des expériences riches, des gloires intimes, etc.

Si l'éthique de la belle vie est bien une éthique ordinaire associée à la recherche de beauté ou d'émotions intenses, le problème de Gauguin, d'Anna Karenine et de beaucoup de personnages de cinéma ou de la vie réelle qui acceptent de prendre des risques par rapport aux conventions en vigueur, est seulement de savoir doser les libertés qu'ils prennent vis-à-vis de la morale commune pour ne pas être ravagés au bout du compte par la culpabilité et le dégoût d'eux-mêmes. Lorsque le dosage est inadéquat, il deviennent

---

1. Voir N. Goodman, *Languages of Art*, Inidanapolis, Hackett, 1976.
2. Voir C. Sartwell, « Beauty », *Stanford Encyclopedia of Philosophy*, 2012.

en effet ce que les chrétiens appellent des « pécheurs », ou alors simplement des malheureux, à la façon des personnages évoqués dans les sections précédentes. Lesquels ne seront certainement pas sauvés moralement aux yeux des autres ou à leurs propres yeux par leur inspiration esthétique et la beauté de leurs passions, même si la belle vie qu'ils ont intensément recherchée peut toujours être un réconfort en cas de mauvais temps. Gauguin lui-même, dont l'esthétique était plutôt maximale et l'éthique plutôt minimale, n'a peut-être pas eu la chance d'être moralement sauvé par les autres ou par lui-même, puisqu'on dit qu'il ne fut pas spécialement aimé des habitant(e)s des îles qui l'accueillirent, et qu'il ne fut pas non plus spécialement aimé de lui-même.

S'aventurer : l'éthique de leur belle vie

Au moment où se multipliaient en Méditerranée les naufrages d'embarcations précaires remplies de réfugiés fuyant la guerre et la misère, et où les gouvernements européens avaient eu l'idée étonnante de traiter le problème en envoyant par le fond les bateaux des « passeurs », la chaîne Arte a diffusé un film un peu antérieur, qui jette une lumière rare sur l'envers des images d'actualité diffusées par les medias. Sorti en 2012, *La pirogue*[1] est une fiction sénégalaise qui raconte de façon quasi-documentaire la tentative d'un bateau de pêche rempli d'une quarantaine de migrants pour gagner les côtes espagnoles. Issus d'ethnies différentes, les hommes se rassemblent autour d'un capitaine qui, jusqu'au dernier moment, hésite à quitter sa famille pour entreprendre le voyage. L'un des hommes part pour devenir footballeur, un autre avec l'espoir de guérir sa jambe malade, plusieurs sont attendus par des proches… Le « passeur » qui a préparé l'expédition est conforme à l'idée qu'on se fait de ce genre de personnages : c'est lui qui propose de jeter à la mer une femme qui a réussi à s'embarquer clandestinement, mais les passagers décident finalement de l'embaucher pour faire la cuisine. « Même si on dérive jusqu'au Brésil et qu'on arrive

---

1. *La pirogue*, Moussa Toure, Sénégal, 2012.

bouffés par les oiseaux, je ne renoncerai pas », dit quelqu'un. Un autre, terrorisé par la mer, crie et pleure tellement qu'on décide de l'attacher et de le bâillonner. En cours de route, la pirogue croise une embarcation similaire en panne au milieu de l'océan, et le premier mouvement du capitaine est de porter secours aux passagers : mais lorsque certains d'entre eux se jettent à l'eau pour être recueillis sur la pirogue, le capitaine juge qu'il est impossible d'embarquer tout ce monde et fait demi-tour, abandonnant les naufragés à leur sort. Sa propre embarcation tombera à son tour en panne à la suite d'une violente tempête qui met définitivement les moteurs hors service. Privés d'eau et de nourriture, les hommes sont prostrés dans le fond du bateau et, par une idée de mise en scène inattendue, on les *entend* penser à leurs rêves de belle vie qui s'évanouissent. On les voit ensuite mourir les uns après et les autres, doucement et en silence, sur la pirogue à la dérive, avant que finalement des secours surgissent de nulle part sous la forme d'une vedette espagnole de la Croix rouge qui recueille les survivants. Parmi les rescapés, il y a le capitaine de la pirogue, qui n'aura pourtant pas la liberté d'acheter aux Canaries le maillot du Barça qu'il avait promis à son fils. Il devra attendre Dakar, où il est rapatrié de force, pour acheter sur un marché le fameux maillot, avec le petit billet que les autorités lui ont alloué à sa descente d'avion.

L'aventure que tentent les passagers de la pirogue fait partie des conditions de survie qui ont permis aux descendants que nous sommes de l'espèce homo d'arriver jusqu'ici. Si les humains n'avaient pas été capables de fuir des environnements dangereux ou mortels ou n'avaient pas été motivés à tenter avec joie l'aventure d'aller ailleurs, en encourant tous les périls pour avoir une meilleure vie, nous ne serions pas ici pour prolonger le legs de notre espèce. Partir à l'aventure, traverser les frontières pour survivre ou vivre mieux est beaucoup plus qu'un droit, c'est une condition même de notre être humain, au même titre que la motivation qui nous pousse aux relations sexuelles ou aux attachements parentaux. C'est pourquoi il est si difficile de voir quel argument « éthique » pourrait justifier qu'on en prive une quelconque partie de l'humanité. Une question de ce genre révèle au contraire que l'éthique de la belle vie telle qu'on la pratique en Europe ou dans d'autres pays riches, autour du confort matériel et des libertés morales, n'aurait aucun sens si elle n'était pas aussi une éthique de *leur* belle vie, une éthique de la belle vie des autres, des tiers, ceux qui sont moins riches et n'ont pas la chance d'être nés dans un pays riche et en paix. Aimer, boire et chanter, certes, mais aussi s'aventurer à ouvrir les frontières et à accueillir sans réserve ceux qui se sont aventurés de façon autrement aventureuse que les habitants en titre. Le film de Kaurismäki, *Le Havre* [1], offre sur ce chapitre une leçon intéressante qui ne concerne pas l'engagement au sens sartrien d'un devoir incantatoire permanent, mais une simple éventualité pratique lorsque les choses qui se présentent empêchent de continuer comme avant et poussent à dévier de la voie habituelle.

S'aventurer hors de soi-même pour s'occuper du monde est cependant une entreprise plus délicate qu'il y paraît, comme on le voit dans un premier film amusant, *La bataille de Solferino* [2], que la réalisatrice Justine Triet a décidé de tourner dans les décors « naturels » de l'élection de François Hollande à la présidence de la République le 6 mai 2012. Une jeune journaliste de télévision qui lutte avec acharnement contre les incursions de son ex-mari dans sa vie privée doit couvrir l'événement, tout en confiant à un babysitter masculin un peu ahuri la lourde tâche de garder les enfants contre l'intrusion du mari, qui veut à tout prix voir ses enfants, juste ce jour-là. Sous une bande-son saturée de cris de bébés et dans le capharnaüm d'un appartement parsemé de jouets, on voit la jeune femme se préparer en hâte et donner ses instructions au babysitter avant de rejoindre son poste de travail rue de Solferino, où la foule se masse dans l'attente des résultats. Quelques interviews de militants devant le siège du PS ou de l'UMP mettent en relief l'abîme qui sépare le discours ambiant sur le monde : la mondialisation, la crise économique, les grandes puissances... et les enjeux vitaux de la vie

---

1. *Le Havre*, Aki Kaurismäki, Finlande, France, 2011.
2. *La bataille de Solferino*, Justine Triet, France, 2013.

quotidienne, avec un ex-mari envahissant, d'adorables enfants qui criaillent et un amant inapproprié à la vie de famille... Les gags du film autour du mari bavard et disputeur (Vincent Macaigne) qui poursuit ses enfants dans les rues du 7e arrondissement, soulignent le différentiel de réalité, si l'on peut dire, entre les deux mondes, celui de l'histoire lointaine et celui de l'intimité intense et chaotique. Un peu plus tard dans la nuit, quand les choses ont commencé à se calmer, un copain philosophe expose la leçon du film à la journaliste : « C'est comme les gens qui se plaignent de leur vie quotidienne... Mais s'ils n'ont pas de vie quotidienne, c'est quoi la vie ? »

Lorsqu'elle est tournée vers la recherche d'une vie plus belle, fût-ce a minima avec un mari en moins et un amant en plus, la vie quotidienne est sans doute en effet une aventure, illuminée par les projets qui peuvent la sublimer. Mais le sens de cette aventure s'éclaire différemment suivant son insertion dans les mouvements de l'histoire : en décalage, comme dans le film précédent, ou au contraire en continuité. Il existe ainsi toute une filmographie de la grande histoire qui n'est jamais aussi belle et efficace que lorsqu'elle est abordée sous l'angle de la petite histoire quotidienne, comme par exemple dans un autre chef d'œuvre de Robert Bresson : *Un condamné à mort s'est échappé*[1]. Le film montre, dans le contexte étouffant d'une vie carcérale, la longue et minutieuse préparation d'une évasion par un résistant de la Seconde guerre mondiale que les Allemands ont condamné à être fusillé. Son salut personnel prend tout de suite un relief particulier, parce qu'il est étroitement associé à celui du reste de l'humanité. D'autant que le résistant, Fontaine, sera accompagné dans sa fuite par un très jeune homme placé dans sa cellule quelques jours avant la date prévue pour l'évasion. Le garçon avait d'abord fait le mauvais choix en se faisant recruter par l'armée allemande, mais le délit de droit commun qui le ramène en prison est l'occasion pour lui d'une seconde chance. Après s'être demandé s'il n'était pas préférable de le supprimer, Fontaine

---

1. *Un condamné à mort s'est échappé*, Robert Bresson, 1956, France.

lui propose de se joindre à lui, s'engageant ainsi dans une double aventure, celle de l'évasion et celle de la confiance qu'il décide d'accorder au garçon perdu.

Les chemins écartés du désir

Quoiqu'il en soit de l'histoire grande ou petite, l'aventure est d'abord malgré tout un écart que l'on fait par rapport à la routine de la vie quotidienne, même si on la reconstitue ensuite, avec une intensité renouvelée, dans le décor de ce qu'on entreprend en vue d'une vie plus libre et plus belle. La lutte entre l'attachement à la règle, condition de sécurité et de confort, et la transgression téméraire souligne le contraste entre la *bonne* vie parfaitement réglée du point de vue de la distribution des devoirs et des récompenses, et la *belle* vie comme débridement intense, excessif, grandiose, héroïque, festif... Le cas de Gauguin dont il a été question plus haut en est l'exemple illustre, réputé pour avoir mis au premier rang d'une vocation artistique la *sauvagerie* du peintre et de ses modèles[1], représentée notamment par les différentes versions de la statue *Oviri*, divinité au visage distendu et hagard, dont le nom signifie sauvage en tahitien et qui serre contre ses jambes une louve sanglante avec son louveteau. En-dehors de l'œuvre immortelle, la sauvagerie de Gauguin se résumera pourtant à celle de son errance flamboyante et misérable entre les continents, les illuminations artistiques, les conquêtes amoureuses et les souffrances de l'esprit et du corps.

Le film de Jean Renoir *Les bas fonds*[2] offre une perspective à peine plus optimiste lorsqu'un aristocrate expulsé de chez lui par des huissiers (Louis Jouvet), se trouve invité par un cambrioleur qu'il avait surpris dans sa maison (Jean Gabin), à venir vivre dans une pension louche. Le dandy philosophe que rien n'effraie et qui

---

1. Voir F. Cachin, *Gauguin « Ce malgré moi de sauvage »*, Paris, Gallimard, 1989.

2. *Les bas fonds*, Jean Renoir, France, 1936, d'après une pièce de de Maxime Gorki.

n'aime rien tant que les originaux, fripouilles ou innocents, peut ainsi tenir la chronique d'une communauté de marginaux dont la solidarité tapageuse permet de faire face à la misère et aux persécutions de la police et du tenancier. A la fin du film, un poète alcoolique ira quand même se pendre, tandis que le baron poursuit ses investigations de « sociologie morale » et que le voleur part à l'aventure dans le soleil, comme Charlot avant lui (que Renoir admirait beaucoup), main dans la main avec une jeune fille qu'il a sauvée d'un mariage forcé. Il ne s'agit plus ici de sauvagerie, mais d'un regard sur le monde par le bas (les bas-fonds), qui serait la meilleure garantie d'avoir accès, par l'ordinaire, à l'extraordinaire. Cette façon de prendre les êtres à rebours du regard surplombant suscite une volupté émancipatrice qui vient de cette révélation de l'invisible inhérente au regard cinématographique, fixant sur la pellicule le *collage* des êtres sur leur univers pratique. On aime le bas, l'ordinaire et l'irrégulier, non par perversion ni par anti-intellectualisme, mais parce qu'on y reconnaît la prison de nos propres vies, que l'on aimerait sublimer.

Moins proche des arts de la peinture ou de la truanderie, et beaucoup plus authentiquement « sauvage » par le mode de vie évoqué, le film *Into the wild*[1] raconte l'histoire vraie d'un étudiant américain, Christopher McCandless, parti vivre en solitaire dans les forêts de l'Alaska, et mort finalement de dénutrition (ou d'empoisonnement) à une trentaine de kilomètres de la route d'un parc national dont la cartographie était déjà, en 1992, parfaitement établie. Avant d'en arriver là, son « voyage extrémiste, esthétique » pour fuir l'argent et les mensonges familiaux, lui a fait parcourir, du Nord au Sud, puis du Sud au grand Nord, les grands espaces américains inaltérablement fidèles, au milieu des années 90, à la légende du Far West : chapeaux de cowboys, visages burinés par le soleil, excentricités sociales et musique country... Le périple du jeune homme est entrecoupé de maximes philosophiques comme celle-ci, « inspirée de Thoreau » : « Plutôt que l'amour, la mémoire,

1. *Into the wild*, Sean Penn, USA, 2007, d'après un roman de Jon Krakauer.

la foi, la réputation, la justice, donnez-moi la vérité ! », ou encore :
« La liberté et la simple beauté sont trop bonnes pour qu'on passe
à côté. » L'aventure, là encore, tourne mal lorsque l'explorateur se
trouve empêché par une rivière en crue de regagner la civilisation,
ignorant qu'un bac praticable est aménagé à quelques centaines
de mètres. Sean Penn, réalisateur connu pour ses engagements
militants, le montre gravant sur un morceau de bois la maxime
finale : « Le bonheur n'est réel que lorsqu'il est partagé ». En fait, si
l'on en croit le film, Christopher McCandless a beaucoup partagé (et
c'est cela qu'on aime) avec les hippies en camping-car, les bandits
en cavale ou les vétérans à la retraite, même s'il se retrouve tout seul
au bout du chemin. Il fut seulement privé de l'union avec une âme
sœur qui aurait pu élargir la *portée* de son aventure, au double sens
de transmission et de perspective, comme le contait La Fontaine
à propos du mythe grec de Philémon et Baucis, amants pour
l'éternité : « Heureux de ne devoir à pas un domestique Le plaisir
ou le gré des soins qu'ils se rendaient[1] ! ». Ou comme le montre,
encore, le cinéma, dans des films comme *Amour*[2] (la fin d'un couple
contemporain, à la façon de Philémon et Beaucis), ou *Two Lovers*[3]
(l'irruption de la sécurité amoureuse dans une vie chaotique).

La belle vie que recherchait Christopher McCandless ne s'oppose
pas seulement à une bonne vie bien réglée, elle est aussi l'exact
opposé de ce que Bernard Williams appelait une « vie béate », dont
la perspective serait à son avis jugée horrible par la plupart des
hommes[4], car portant atteinte à leur identité. Dans le même ordre
d'idées, Robert Nozick[5] avait imaginé une « machine d'expérience »

1. Voir le livre XII des *Fables* (n° 25) qui reprend de façon fidèle le récit d'Ovide
sur Philémon et Baucis, figurant lui-même au livre 8 (611-720) des *Métamorphoses*.

2. *Amour*, Michael Haneke, France, 2012.

3. *Two Lovers*, James Gray, USA, 2008, d'après la nouvelle de Dostoievski,
Les Nuits blanches, trad. fr. P. Pascal, tome V, « Bibliothèque de la Pléiade », Paris,
Gallimard, 1956.

4. B. Williams, « Le moi et le futur », dans *La fortune morale*, *op. cit.*,
p. 187-188.

5. R. Nozick, *Anarchie, État et Utopie*, trad. fr. E. d'Auzac de Larmartine et
P.-E. Dauzat, Paris, P.U.F., 1988.

qui permettrait de vivre en imagination tous les bonheurs possibles, mais que la plupart d'entre nous rejetteraient, parce que nous souhaitons agir de façon effective et être effectivement ce que nous sommes dans une vie réelle partagée avec d'autres. Cette leçon philosophique se retrouve dans toute une série de films qui mettent les efforts et accidents de la vie réelle bien au-dessus des félicités virtuelles, comme par exemple *Matrix*[1], qui décrit la résistance des humains contre un programme d'ordinateur les enfermant dans une cuve dès leur naissance pour leur faire vivre, de façon purement virtuelle, l'existence des grandes villes modernes. De même, mais sur un mode plus cocasse, le film d'Alain Jossua, *Paradis pour tous*[2], met en scène un couple parfaitement heureux dont le mari en fauteuil roulant devant sa piscine (Patrick Dewaere) « se contente de ce qu'il a » grâce à un traitement spécial qu'il a subi, et se réjouit de ce qui rebute les autres, comme par exemple les jouissances de son épouse (Miou-Miou) dans les bras de son médecin. Lorsque le traitement en question est étendu à une communauté plus large, plus rien ne peut affecter le bonheur des sujets « flashés », si ce n'est la résistance des réfractaires qu'on force alors à rejoindre le club.

Il y a cependant différentes façons d'interpréter cette leçon *a contrario*, la plus traditionnelle étant celle du mérite (mériter son bonheur) tandis que les plus modernes sont la perte d'identité ou la perte de sens du réel — dont on a d'autre exemples au cinéma avec les effets de déréalisation associés aux univers virtuels, par exemple dans des films comme *Inception* ou *Existenz*[3], lorsqu'un sujet ne parvient plus à savoir s'il est dans le rêve ou dans la réalité. Ma propre interprétation serait que les exigences de la belle vie, et en particulier les aventures et écarts hors des chemins balisés, sont antinomiques d'un bonheur privé des aspérités, accidents et ruptures de la vie, parce que celles-ci sont constitutives de notre capacité de désirer telle que nous l'avons héritée de l'évolution

1. *Matrix*, Larry et Andy Wachowski, Australie-USA, 1999.
2. *Paradis pour tous*, Alain Jossua, France, 1982.
3. *Inception*, Christopher Nolan, USA, 2010; *Existenz*, David Cronenberg, USA, 1999.

de l'espèce. Si nous préférons les beautés de l'aventure, fût-ce au prix d'un péril mortel, à la béatitude d'un bonheur sans effort, c'est moins une affaire de mérite, de perte d'identité ou de connexion avec le réel, que de rapport primordial à l'histoire ancestrale, lorsque le salut individuel et collectif impliquait tentatives et aventures, et non pas seulement la jouissance passive des fruits d'un environnement momentanément favorable, mais susceptible d'être accidentellement modifié. Et si nous ne voulons pas être des cerveaux ou des corps dans une cuve, ni des êtres virtuels ou des ectoplasmes désincarnés, c'est parce que ce genre d'état n'est pas compatible avec nos équipements neuropsychologiques du désir. Autrement dit, tout cela n'est ni bien ni mal, c'est comme ça – la morale n'intervenant que par-dessus le marché.

Certains films ont exploité cette incompatibilité du désir incarné et de l'existence virtuelle pour mettre en scène une sorte de boucle sans fin des projections imaginaires dont on ne pourrait sortir que par une réincarnation dans le corps mort, lorsqu'il n'y a plus rien à tenter, ou dans le corps amoureux, qui remettrait le désir à sa juste place. Ainsi, le film d'Alain Resnais, *Je t'aime, je t'aime*[1], montre un personnage rescapé d'une tentative de suicide qui revit indéfiniment, grâce à une expérience scientifique, une minute de sa vie amoureuse passée. Il finit par échapper au contrôle des scientifiques et découvre avec horreur le rôle qu'il a joué dans la disparition de sa femme, ce qui le ramène finalement au réel, mais sous la forme d'un corps sans vie. Dans un film plus récent, *Source code*[2], un pilote d'hélicoptère abattu en Irak est envoyé de façon répétitive dans le passé comme passager d'un train, juste avant un attentat imminent, pour obtenir des indices sur un second attentat à venir, qui serait encore plus dévastateur. Tout au long de ses tentatives, le héros ignore qu'il est déjà mort et que c'est un programme d'ordinateur qui le projette dans le passé en exploitant certaines propriétés de son cerveau en état de vie végétative. Lorsqu'il obtient enfin les informations

---

1. *Je t'aime, je t'aime*, Alain Resnais, France, 1968.
2. *Source code*, Duncan Jones, USA, 2011.

demandées sur le second attentat et qu'on le met au courant de son état, il demande à faire un dernier voyage dans le temps pour déjouer l'attentat qui a déjà eu lieu et occuper définitivement le corps physique d'un voyageur en train de tomber amoureux de sa compagne de voyage. Cette réactualisation de la métempsycose par la science fiction souligne le manque fondamental des mondes virtuels, celui de la présence du corps désirant dont nous avons absolument besoin de sentir, par l'intérieur, les propensions, pour avoir envie de vivre. Sans cela, pour le genre d'êtres que nous sommes, la vie ne peut avoir ni goût, ni beauté.

CONCLUSION

Ce livre a porté principalement sur des manières de vivre contemporaines vues par le cinéma, qui est une façon moderne, pour certains artistes, d'être philosophe au sens où l'entendait Pierre Hadot, c'est-à-dire avoir l'amour de l'homme, une conscience du Tout et la passion de la liberté[1]. Les personnages du cinéma sont en général beaucoup moins « philosophes » que les cinéastes eux-mêmes, mais c'est pour cela qu'ils nous intéressent car, étant témoins des mécomptes de leurs existences fictives, nous apprenons quelque chose sur nos existences réelles, les leurs n'étant que la projection imagée et stylisée des nôtres. En accumulant les témoignages cinématographiques sur les impasses de la belle vie, le livre a voulu plaider *a contrario* pour une culture circonspecte des voies de *sa* ou de *leur* belle vie, avec les équipements affectifs et neurologiques inhérents à l'humanité commune, mais sous la seule gouverne des sujets. Dans cette conclusion, je voudrais juste ajouter quelques commentaires sur le statut de la première personne dans l'éthique de la belle vie, et sur la sublimation de l'existence par les joies du contentement, de la jubilation, ou de l'éblouissement.

L'éthique sans (faire) la morale

L'éthique de la belle vie est une extension de l'éthique de première personne – soit de l'éthique tout court, si on pense que l'éthique est toujours et d'abord une éthique de première personne, c'est-à-dire une question ou une exigence appliquée à soi-même. Le respect des interdits sociaux que j'ai évoqués dans le dernier chapitre est lui-même un devoir personnel, au sens que l'autorité qui l'impose à soi-même et le sanctionne éventuellement par le regret, la culpabilité ou le remords, est d'abord soi-même. Car si l'autorité était seulement sociale, il serait superflu de parler d'éthique.

1. P. Hadot, *La philosophie comme manière de vivre, op. cit.*, p. 188.

Toutefois, une éthique de première personne concerne aussi la conduite envers soi-même : devoirs et interdits, mais surtout idéaux et perspectives, autorisations et absolutions, qui déterminent les sentiments de regret, d'exaltation ou d'innocence. Pour l'éthique de première personne, la question de *l'innocence* de soi-même envers soi-même paraît cruciale, car elle détermine les niveaux de tranquillité d'esprit que le sujet peut atteindre ainsi que la qualité et les quantités de ses bonheurs. Or, le désir de belle vie, consubstantiel à l'humain, est la cause de toute une série d'actes et de décisions qui, lorsqu'on se laisse aller à aimer, boire, chanter ou s'aventurer, peuvent affecter le sentiment d'innocence, et par conséquent la tranquillité d'âme, comme c'est le cas pour de nombreux personnages de ce livre. On comprend alors que certains philosophes aient voulu défendre les initiatives aventureuses des sujets, y compris contre la morale, sinon contre l'éthique, pour ne pas rendre impossibles les plénitudes associées aux désirs de belle vie. Malheureusement, il semble qu'une éthique sans morale n'ait pas de sens, non seulement parce que les deux termes sont difficiles à distinguer, mais parce qu'on peut difficilement éviter d'avoir des doutes et donc de « moraliser » sur sa propre vie. L'éthique, autant que j'en comprenne l'idée, est une conduite de vie éclairée par des pensées morales, c'est-à-dire relatives au bien et au mal, aux libertés et aux contraintes associés au présent et au futur de n'importe qui, y compris soi-même. Ce sont ces retours sur soi qui ont été au centre de toutes les observations qui précèdent en vue d'alimenter la réflexion commune sur les choix moraux de première personne, tout en se tenant à l'écart des conceptions moralisatrices qui veulent imposer des conduites aux sujets, aussi bien que des conceptions libertariennes qui jugent que la morale commune ne s'appliquerait plus lorsqu'il s'agit de choisir pour soi-même.

Suivant la tradition du libéralisme moral et politique, le sujet a la liberté de faire par lui-même tous les choix qui n'affectent pas le bien d'autrui, car la reconnaissance de cette liberté est la meilleure façon de le protéger contre le mal que constituerait la contrainte d'autrui sur des choix qui ne concernent que lui-même[1]. C'est aussi ce principe qui, bien avant John Stuart Mill, a inspiré les auteurs de la Déclaration des droits de 1789 lorsqu'ils énonçaient, à l'article 4, que « la liberté consiste à pouvoir faire tout ce qui ne nuit pas à autrui ». Ce principe est parfois d'application délicate car il est difficile d'exclure les nuisances non-voulues de n'importe quelle action humaine. Néanmoins, lorsqu'il n'y a pas d'intention malfaisante, il implique que les institutions sociales n'interdisent pas les activités qui ne nuisent pas à autrui, qu'il s'agisse des « améliorations humaines » dont il a été question ci-avant, de l'usage des stupéfiants, de pratiques sexuelles ou alimentaires non-conformes, de spéculations marchandes, de prostitution ou de disposition de son corps à n'importe quelle fin marchande ou non-marchande, de migration pacifique entre Etats-nations, de décisions de fin de vie, etc.

C'est ici cependant qu'il importe de distinguer entre la moralité intime d'une conduite personnelle et les *leçons de morale* qui portent sur la conduite de quelqu'un d'autre. En-dehors des situations d'éducation, de thérapie ou de demande d'avis dûment formulée, les pressions morales qui visent à influencer la capacité de désirer d'un sujet adulte sont en effet malvenues et généralement inopérantes, car elles vont à l'encontre d'une tendance naturelle du sujet à coïncider avec son désir spontané. De plus, dans la plupart des cas, les sujets sont tout à fait capables de s'être déjà fait à eux-mêmes les objections qu'on pourrait leur adresser. La violence des leçons de morale vient précisément de ce qu'elle ne font, la plupart du temps, que réitérer des choses que le sujet s'est lui-même dites ou qu'il pourrait se dire, tout en l'enfonçant davantage dans ses difficultés éventuelles. Toutefois, l'inutilité, voire l'obscénité des leçons de morale, ne signifie pas que la gestion de ses désirs par un individu serait étrangère à la morale, ni que le sujet n'aurait aucune contrainte morale par rapport à lui-même. Ce serait même plutôt parce que la gestion de ses propres désirs est la question éthique cruciale, que les autres n'ont pas à s'en mêler.

---

1. Voir John Stuart Mill, *On liberty*, Cambridge University Press, 2008, p. 145.

Lorsque les choix d'un sujet sont bons, au sens qu'ils ne nuisent à personne, pas même au sujet, il n'y a pas de problème. Mais que se passe-t-il lorsqu'ils sont mauvais, c'est-à-dire lorsqu'ils nuisent au sujet, par exemple en lui donnant le sentiment qu'il gâche sa vie ou ses talents, ou qu'il perd son âme ? L'erreur est de croire que le problème moral serait celui des tiers qui font la morale au sujet ou, au contraire, l'exonèrent par principe de ses mauvais choix, alors que c'est plutôt celui du sujet lui-même, de ses états d'âme et des pensées qui l'assaillent, quelles que soient les leçons de morale ou les exonérations qu'on lui prodigue – et dont le cinéma est l'un des meilleurs témoins, parce qu'il donne un accès direct, par l'image extérieure, à l'intimité subjective. Le point crucial est en effet que *le mal moral qu'un sujet peut se faire à lui-même et qu'il ressent comme tel n'est rien d'autre que son malheur*, puisqu'il est la seule victime du mal qu'il se fait. Face à cette situation, le tiers a certes une responsabilité d'assistance pour prévenir certains malheurs, comme par exemple, en plus de la dépénalisation, la réduction des risques en matière de consommation de drogues, ou l'empêchement de toutes les violences légales ou illégales contre la prostitution. Mais il peut difficilement contrecarrer la mauvaise fortune et les accidents de la vie qui conduisent parfois à rater la belle vie qu'on espérait réussir. Cette situation est clairement illustrée par les cas d'addiction et de parcours de vie chaotiques, ou d'actions intempestives sous le coup de l'ivresse, de l'émotion, des illusions, des modes, des idéologies, du désespoir, du devoir indu…, dont j'ai multiplié les exemples au cours de cet ouvrage. Mais elle l'est aussi par les machinations « éthiques » contre les autres, et aussi contre soi-même, qui produisent de la violence et de l'inquiétude plutôt que de la tranquillité, et empêchent toute émancipation.

La sublimation de l'existence

La belle vie telle que je l'ai envisagée dans ce livre est une vie *sublimée* par des joies, des plaisirs ou des récompenses comme le contentement qu'on a en atteignant une fin significative, la jubilation en savourant les vibrations de certains bonheurs, l'éblouissement en étant illuminé par la beauté des êtres ou des choses. L'idée de sublimation a été utilisée par la tradition freudienne comme antithèse du monde réel, ou comme instance de redressement du sujet, mais elle peut aussi être comprise comme un fond tangible et encourageant de l'existence ou, si l'on veut, comme ressource concrète de la grâce et du salut séculier chaque fois que s'affirme la motivation vers les joies de l'existence. C'était du reste déjà le sens ancien du sublime comme ce qui « élève l'âme, et lui fait concevoir une plus haute opinion d'elle-même, la remplissant de joie et de je ne sais quel noble orgueil[1] ».

Dans un ordre d'idées voisin, Raphaël Picon cite un passage fameux d'Emerson[2] : « J'embrasse le commun, je m'assieds au pied de ce qui est familier, bas, et je l'explore. Informez-vous sur l'aujourd'hui et vous pourrez recevoir les mondes antiques et futurs », afin d'introduire l'idée d'un « sublime ordinaire », qui « surgit et se révèle dans l'ici et le maintenant de la vie telle qu'elle est ». Au-delà de l'oxymore, ce caractère extraordinaire de l'ordinaire fait en effet ressortir la présence immédiate, quotidienne, palpable, des multiples voies qui s'ouvrent aux sublimations de la belle vie, lorsqu'on sait les apercevoir. Ce sublime ordinaire qui trouve dans les décors et les gestes ténus et significatifs de la vie quotidienne l'occasion de se révéler au sujet, est beaucoup moins grandiloquent que le sublime de la philosophie critique de Kant[3], et nettement plus réaliste, puisqu'il ne recommande pas de déserter le terrain de la vie concrète, mais au contraire d'en explorer les promesses et les ouvertures.

Toutefois, le sublime d'une existence ordinaire touchée par la grâce ne constitue que la face apaisée du sentiment d'horreur délicieux auquel Burke avait associé le sublime, et qu'on retrouve dans les aventures périlleuses de la belle vie. L'idée que j'ai défendue dans ce livre est que le sens de la belle vie est par

---

1. Longinus, *Peri Hupsous* ou *Du sublime*, trad. fr. Nicolas Boileau-Despréaux, 1674, chap. 5.
2. R. Picon, *Emerson : Le sublime ordinaire*, Paris, CNRS Éditions, 2015.
3. Kant, *Critique de la faculté de juger*, trad. fr. A. Philonenko, Paris, Vrin, 1974.

dessus-tout le sentiment d'une motivation intense supportée par les mécanismes neurochimiques ancestraux qui accompagnent la course aux récompenses vitales : amours, attachements, aventures, consommations psychoactives... Or, cette motivation peut se manifester pour le meilleur comme pour le pire, sous des formes tout à fait apaisées aussi bien que destructrices de soi-même ou d'autrui, tournées vers des valeurs collectives ou au contraire désespérément indifférentes aux autres. Le sens de la belle vie implique d'ailleurs, par construction, une imperfection ou une incomplétude qui risque toujours d'être confrontée aux habitudes envoûtantes des drogues, de l'argent, du jeu, du pouvoir et autres pratiques compulsives. Sublimer sa propre vie n'implique donc pas toujours qu'on cherche à la rendre plus parfaite, comme on le voit par exemple dans les vies d'artistes qui se présentent comme des non-conformistes, des rebelles ou, pour utiliser un vocabulaire du XIXe siècle, comme des « sublimes [1] » du point de vue de leur vie personnelle, ce qui veut dire simplement qu'ils se comportent de façon originale et non-conventionnelle.

C'est du reste parce que la sublimation de l'existence souffre d'une ambigüité fondamentale entre les voies du salut et celles de l'autodestruction, que les amateurs de cinéma aiment autant retrouver sur leurs écrans les signes d'une innocence, sublime elle aussi, qui permet d'échapper aux côtés désagréables du monde, grâce à certaines grandes figures, comme le M. Hulot de Jacques Tati, ou à des actes de confiance inouïs, comme dans certains films que j'ai cités, ou encore à des réversions inattendues de destinée. Le film de Roberto Rossellini, *Voyage en Italie* [2], est un exemple subtil du procédé qui consiste à nous faire vaciller au bord d'un gouffre avant de nous redéposer délicatement sur le côté du sublime que l'on préfère, lorsqu'un couple sur le point de divorcer finit par se réconcilier dans l'ambiance lascive du *dolce farniente* italien, avec le soleil, le vin, les chants, les foules crasseuses et mystiques..., et sous l'effet envoûtant, lui aussi, des musées et vestiges napolitains.

---

1. *Cf.* A. Cottereau, *Le Sublime*, introduction de D. Poulot, Paris, Maspero, 1980.
2. *Voyage en Italie*, Roberto Rossellini, France-Italie, 1954.

La révélation en direct, par l'insufflation de plâtre dans une poche d'air, d'un couple saisi main dans la main dans la mort, 2000 ans auparavant, lors de l'engloutissement de Pompéi, annonce le rapprochement à venir des deux époux étrangers l'un à l'autre, mais qui se jalousent et se déchirent, faisant ainsi écho aux réconciliations classiques de *La recherche du bonheur* de Stanley Cavell[1]. Dans son étrange remake, *Copie conforme*[2], le réalisateur iranien Abbas Kiarostami a même imaginé une sorte de stade initiatique de la réconciliation lors de la rencontre de deux êtres qui ne se connaissent pas mais qui, visitant ensemble les musés d'une ville de Toscane, s'amusent à mimer le souvenir d'un passé conjugal commun – l'idée étant, là aussi, de brouiller la frontière entre l'original et la copie.

Les cinéastes se permettent d'ailleurs souvent de donner, au travers de leurs personnages, des leçons de vie pratique, plus rares chez les philosophes contemporains, comme par exemple ce petit discours de Gustav (l'oncle du jeune Alexandre) dans *Fanny et Alexandre*[3] : « Soyons des êtres tangibles, sinon nous ne saurons plus aimer les gens... Savourons le bonheur quand l'heure est au bonheur. Soyons généreux, tendres et bons, mais pour cela il faut apprécier notre petit monde, la bonne chère, un tendre sourire, les arbres en fleur, les valses. » On serait tenté de souscrire sans réserve à ce minimalisme si le monde qui bruit autour de nous de ses souffrances et de ses tentations nous en laissait vraiment le loisir : comment peut-on rester durablement ébloui dans un monde désespérant ? Et comment éviter d'être un imbécile heureux, sans devenir un sujet maussade et rechigneur ? Le réalisateur n'est du reste pas dupe. Comme souvent au cinéma lorsque le spectateur se laisse emporter par l'ivresse de l'happy end, les dernières images du film lui imposent une piqûre de rappel contre l'insouciance. Alexandre, qui a vécu la plus belle des vies, celle de l'enfance heureuse lorsque son père vivait encore et qu'il allait se perdre dans les jupes de sa grand-mère, mais qui a été ensuite victime

1. S. Cavell, *La recherche du bonheur*.
2. *Copie conforme*, Abbas Kiarostami, Iran-France-Italie, 2010.
3. *Fanny et Alexandre*, Ingmar Bergman, Suède, 1982.

d'un beau-père ecclésiastique et pervers, a finalement été sauvé par Isak Jacobi, le marchand juif de marionnettes, amoureux de sa grand-mère. Lorsque tout semble redevenir comme avant, Alexandre voit soudain apparaître dans un couloir le fantôme de celui dont il a intensément souhaité la mort et qui s'est finalement consumé dans l'incendie de sa maison, l'évêque, qui le bouscule méchamment en le prévenant : « Tu ne m'échapperas pas ! » Mais comme la fin des films peut toujours et encore ménager des tiroirs, le chef-d'œuvre de Bergman se conclut par une dernière scène du jeune garçon, la tête posée sur les genoux de sa grand-mère, qui lit à voix haute quelques phrases sur la confusion du rêve et de la réalité, tirées d'une pièce de Strindberg qu'elle doit bientôt interpréter au théâtre avec sa belle-fille.

FILMOGRAPHIE

(dans l'ordre de citation)

A peine j'ouvre les yeux, Leyla Bouzid, France, Tunisie..., 2015.

Peur de rien, Danielle Arbid, France, 2015.

Un monde sans pitié, Eric Rochant, France, 1989.

Sex Friends, Ivan Reitman, USA, 2011.

Comment savoir, James Brooks, USA, 2011.

Bachelorette, Lesly Headland, USA, 2012.

La reine des pommes, Valérie Donzelli, France, 2012.

Chercher le garçon, Dorothée Sebbagh, France, 2009.

Sex and the city, Darren Star, USA, série télévisée 1998-2004.

Girls, Lena Dunham, USA, série télévisée depuis 2012.

Reservoir Dogs, Quentin Tarantino, USA, 1992.

The Swimmer, Frank Perry, USA, 1968.

Existenz, David Cronenberg, USA, 1999.

L'autre monde, Gilles Marchand, France, 2010.

Inception, Christopher Nolan, USA, 2010.

Aimer, boire et chanter, Alain Resnais, France, 2014.

Les sentiers de la gloire, Stanley Kubrick, USA, 1957.

Traître sur commande (*The Molly Maguires*), Martin Ritt, USA, 1970.

Se souvenir des belles choses, Zabou Breitman, France, 2002.

La belle vie, Jean Denizot, France, 2013.

La dolce Vita, Federico Fellini, Italie, 1960.

Plus belle la vie, Georges Desmouceaux *et al.*, France, série télévisée depuis août 2004.

Voyage dans les ghettos du gotha, Jean-Christophe Rosé, documentaire, France, 2008.

L'heure d'été, Olivier Assayas, France, 2008.

Milou en Mai, Louis Malle, France, 1990.

Swimming Pool, François Ozon, France et Grande-Bretagne, 2003.

La piscine, Jacques Deray, France Italie, 1969.

Deep end, Jerzy Skolimowski, Grande-Bretagne, Allemagne, 1970.

Le maître-nageur, Jean-Louis Trintignant, France, 1979.

Mon oncle, Jacques Tati, France, 1958.

La vie est belle (*It's a wonderful life*), Frank Capra, USA, 1947.
Welcome, Philippe Lioret, France, 2009.
Le Havre, Aki Kaurismäki, Finlande, France, 2011.
Juha, Aki Kaurismäki, Finlande, 1999.
Le verdict, de Sydney Lumet, USA, 1982.
Peaky Blinders, Steven Knight, Grande-Bretagne, série télévisée, depuis 2013.
Hélène de Troie, Robert Wise et Raoul Walsch, Italie, 1956.
La Colère d'Achille, Marino Girolami, Italie, 1962.
Troy, Wolfgang Petersen, USA, 2010.
Miss Bala, Gerardo Naranjo, Mexique, 2011.
Hélène de Troie, John Kent Harrison, film télévision, USA, 2003.
Gladiator, Ridley Scott, USA, 2000.
Game of thrones, David Benioff and D. B. Weiss, série télévisée, HBO, USA, depuis 2011.
Ulysse, Mario Camerini, Italie, 1954.
Ivanhoe, Richard Thorpe, USA, 1952.
Les aventures de Robin des bois, Michael Curtis, USA, 1938.
The social network, David Fincher, USA, 2010.
Passion, Brian de Palma, USA, 2012.
Crime d'amour, Alain Corneau, France, 2010.
Crime d'amour, Alain Corneau, France, 2010
Margin call, Jeffrey McDonald Chandor, USA, 2011.
Wall Street, Oliver Stone, USA, 1987.
Le loup de Wall Street, Martin Ritt, USA, 2013.
All is lost, Jeffrey McDonald Chandor, USA, 2013.
A Most Violent Year, Jeffrey McDonald Chandor, 2014.
House of Cards, Beau Willimon, USA, série télévisée, Netflix, depuis 2013.
Homeland, Howard Gordon and Alex Gansa, USA, série télévisée, Fox 21, depuis 2011.
Breaking Bad, Vince Gilligan, USA, série télévisée, Netflix, 2008-2013..
Requiem for a dream, Darren Aronofsky. ISA, 2000.
Panique à Needle Park, Jerry Schatzberg, USA, 1971.
Loin du paradis (*Far From Heaven*), Todd Haynes, USA, 2002.
Carole, Todd Haynes, USA, 2015.
Rengaine, Rachid Djaïdani, France, 2010.
La vie est belle (*La vita è bella*), Roberto Benigni, Italie, 1997.
Demain, Cyril Dion, Mélanie Laurent, France, 2015.

La mort du travailleur, Michael Glawogger, documentaire, Autriche-Allemagne, 2005.

Au bord du monde, Claus Drexel, documentaire, France, 2013.

Redemption, Jon Alpertshort, documentaire, USA, 2012.

Les Glaneurs et la glaneuse, Agnès Varda, France, 1999.

Louie, Louis C.K., USA, série télévisée, FX, depuis 2010.

La vie est un roman, Alain Resnais, France, 1983.

Woodstock, Michael Wadleigh, documentaire, USA, 1970.

Sous surveillance, Robert Redford, USA, 2012.

More, Barbet Schroeder, France-Allemagne-Luxembourg, 1969.

Portraits de zadistes, reportage avec extraits de vidéos du *Nouvel Observateur*, 14/02/2014, en ligne.

Nés en 68, Olivier Ducastel, Jacques Martineau, France, 2008.

Alices's restaurant, Arthur Penn, USA, 1967.

Easy Rider, Dennis Hopper, USA, 1969.

L'An 01, Jacques Doillon, France, 1973.

Martha Marcy May Marlene, Sean Durkin, USA, 2011.

Le grand jeu Nicolas Pariser, France, 2015.

Night Moves, Kelly Reichardt, USA, 2013.

Rachida, Yamina Bachir, Algérie, 2002.

Bled Number One, Rabah Ameur-Zaïmeche, France, 2006.

Le Repenti, Merzak Allouache, Algérie, 2012.

El Manara, Belkacem Hadjadj, Algérie, 2004.

Les Chevaux de Dieu, Nabil Ayouch, Maroc, 2012.

Les soldats de Dieu, Robb Leech, Grande Bretagne, 2011 et 2014.

Padre Padrone, Paolo e Vittorio Taviani, Italie, 1977.

Maestro, Léa Fazer. France, 2014.

Les Amours d'Astrée et de Céladon, Éric Rohmer, France-Espagne-Italie, 2007.

Dersou Ouzala, Akira Kurosawa, URSS-Japon, 1975.

L'homme qui murmurait à l'oreille des chevaux, Robert Redford, USA, 1998.

Departures, Yojiro Takita, Japon, 2009.

La forêt pétrifiée, Archie Mayo, USA, 1936.

À la vie, à la mort ! Robert Guédiguian, France, 1995.

Miele, Valeria Golino, Italie, 2013.

Dans la brume, Sergei Loznitsa, Russie, 2012.

Traquenard, Nicolas Ray, USA, 1958.
Une femme douce, Robert Bresson, France, 1969.
L'œil du diable, Ingmar Bergman, Suède, 1960.
Un homme presque parfait, Cécile Denjean, documentaire, France 2, 2011.
Au cœur des robots, Marc Felix et Bruno Victor-Pujebet, Arte, France, 2014.
Un monde sans humains, Philippe Borrel, documentaire, Arte France, Cinétévé, 2012.
L'Homme qui valait trois milliards, Kenneth Johnson, d'après le roman *Cyborg* de Martin Caidin, série télévisée, USA, 1974-1978.
Blade Runner, Ridley Scott, USA, 1982.
Terminator, James Cameron, USA, 1984.
Terminator 2 : Le Jugement dernier, James Cameron, USA, 1991.
Elysium, Neill Blomkamp, USA, 2013.
Transcendent Man, Barry Ptolemy, documentaire, USA, 2009.
Maps to the stars, David Cronenberg, USA, 2014.
Two Days in Paris, Julie Delpy, France-Allemagne, 2007.
Two Days in New York, France-Allemagne-Belgique, 2012.
Caprice, Emmanuel Mouret, France, 2015.
Ici et là-bas, Antonio Méndez Esparza, USA, Espagne, Mexique, 2012.
Le poison, Billy Wilder, USA, 1945.
Montparnasse 19, Jacques Becker, France, 1958.
Au-dessous du volcan, John Huston, USA, 1984.
La princesse de Clèves, Jean Delannoy, France-Italie, 1961.
Nous, Princesses de Clèves, documentaire, Régis Sauder, France, 2011.
La lettre, Manuel de Oliveira, France, 1999.
La belle personne, Christophe Honoré, France, 2008.
La fidélité, Andrzej Zulawski, France, 2000.
Shame, Steve McQueen, GB, 2011.
Gauguin, Alain Resnais, documentaire, 1955, France, 1950.
Oviri, ou *Gauguin, le loup dans le soleil*, Henning Carlsen, Danemark-France 1986.
La pirogue, Moussa Toure, Sénégal, 2012.
La bataille de Solférino, Justine Triet, France, 2013.
Into the wild, Sean Penn, USA, 2007.
Un condamné à mort s'est échappé, Robert Bresson, 1956, France.
Les bas fonds, Jean Renoir, France, 1936.
Amour, Michael Haneke, France, 2012.
Two Lovers, James Gray, USA, 2008.

Paradis pour tous, Alain Jossua, France, 1982.

Matrix, Larry et Andy Wachowski, Australie-USA, 1999, suivi de *Matrix Reloaded* and *Matrix Revolutions*, 2003.

Je t'aime, je t'aime, Alain Resnais, France, 1968.

Source Code, Duncan Jones, USA, 2011.

Voyage en Italie, Roberto Rossellini, France-Italie, 1954.

Copie conforme, Abbas Kiarostami, Iran-France-Italie, 2010.

Fanny et Alexandre, Ingmar Bergman, Suède, 1982.

TABLE DES MATIÈRES

Dépôt légal : août 2017
IMPRIMÉ EN FRANCE

Achevé d'imprimer le 24 juillet 2017
sur les presses de l'imprimerie «La Source d'Or»
63039 Clermont-Ferrand
Imprimeur n° 19756K

Dans le cadre de sa politique de développement durable,
La Source d'Or a été référencée IMPRIM'VERT®
par son organisme consulaire de tutelle.
Cet ouvrage est imprimé - pour l'intérieur - sur papier offset 80 g
provenant de la gestion durable des forêts,
produit par des papetiers dont les usines ont obtenu
les certifications environnementales ISO 14001 et E.M.A.S.